NICHTSSAGENDE EINLEITUNG

Seit dem Augenblick, da meine Seele zum ersten
Mal erstaunte und sich in Bewunderung vor Mozarts Musik demütig beugte, ist es mir oft eine
liebe und wohltuende Beschäftigung gewesen,
darüber nachzudenken, wie jene heitere griechische Betrachtung, welche die Welt κοσμος[1]
nennt, weil sie als ein wohlgeordnetes Ganzes, als
ein schöner durchsichtiger Schmuck des wirken-
den und sie durchwirkenden Geistes erscheint, –
wie jene heitere Betrachtung sich in einer höheren
Ordnung der Dinge, in der Welt der Ideale, wiederholen läßt und wie auch hier eine herrschende
Weisheit ist, bewundernswert vor allem deshalb,
weil sie verbindet, was zusammengehört: Axel
und Valborg[2], Homer und den Trojanischen
Krieg, Raffael und den Katholizismus, Mozart und
Don Juan. Da gibt es einen kläglichen Irrglauben,
der große Heilkraft zu enthalten scheint. Ihm zufolge ist eine solche Verbindung zufällig, und er
sieht darin nichts anderes als einen recht glücklichen Zusammenstoß der verschiedenen Kräfte im

---

Spiel des Lebens. Ihm zufolge ist es ein Zufall, daß die Liebenden sich finden, ein Zufall, daß sie sich lieben – hundert andere Mädchen hätte es gegeben, mit denen man ebenso glücklich hätte werden, die man ebenso innig hätte lieben können. Diesem Irrglauben zufolge hat noch manch anderer Dichter gelebt, der ebenso unsterblich wie Homer geworden wäre, hätte der jenen herrlichen Stoff nicht mit Beschlag belegt, manch anderer Komponist, der ebenso unsterblich wie Mozart geworden wäre, hätte sich die Gelegenheit geboten. Freilich enthält diese Weisheit viel Trost und Zuspruch für alle Mittelmäßigen, die sich hierdurch befähigt sehen, sich selbst und Gleichgesinnten einzubilden, es sei eine Verwechslung des Schicksals, ein Irrtum der Welt, daß sie nicht ebenso ausgezeichnet wurden wie die Ausgezeichneten. Was so zustande kommt, ist ein sehr bequemer Optimismus. Einer jeden hochgesinnten Seele aber, einem jeden Optimaten[3], dem weniger daran gelegen ist, sich auf so elende Weise selbst zu erlösen, als sich in der Betrachtung des Großen selbst zu verlieren, ist dieser Optimismus natürlich ein Greuel; und seiner Seele ist es ein Vergnügen, eine heilige Freude, das vereint zu sehen, was zusammengehört. Dies ist das Glückliche, nicht in Bedeutung des Zufälligen, das in den unartikulierten Interjektionen des Schicksals liegt, und es setzt daher zwei Faktoren voraus. Dies ist das Glückli-

ÜBERSETZT VON GISELA PERLET

ISBN 3-372-00413-2

1. AUFLAGE
© 1991 VERLAGS-ANSTALT UNION BERLIN GMBH
GESTALTUNG: P. FISCHER STERNAUX
GESAMTHERSTELLUNG: EBNER ULM

Sören Kierkegaard

Die unmittelbaren erotischen Stadien oder Das Musikalisch-Erotische

*

Über Mozarts
»Don Giovanni«

*

Mit einem Essay
von Friedrich Dieckmann

———

Verlags-Anstalt Union
Berlin

Sören Kierkegaard

Die unmittelbaren
erotischen Stadien
oder
Das Musikalisch-
Erotische

che in der Geschichte, das göttliche Zusammen-
spiel der historischen Kräfte, der Festtag in der historischen Zeit. Das Zufällige hat nur einen Faktor:
es ist zufällig, daß Homer mit der Geschichte des
Trojanischen Kriegs den vorzüglichsten epischen
Stoff erhielt, der sich denken läßt. Das Glückliche
hat zwei Faktoren: es ist glücklich, daß der vorzüglichste epische Stoff Homer zuteil wurde – hier
nämlich liegt der Akzent ebensosehr auf Homer
wie auf dem Stoff. Darin besteht die tiefe Harmonie, die in jedem Kunstwerk widerklingt, das wir
klassisch nennen. So ist es nun auch mit Mozart: es
ist glücklich, daß jenes Sujet, das in einem tieferen
Sinn vielleicht das einzige musikalische ist, keinem anderen gegeben wurde – als Mozart.

Mit seinem Don Juan tritt Mozart in die kleine
Schar unsterblicher Männer ein, deren Namen,
deren Werke die Zeit nicht vergessen wird, denn
sie sind im Gedächtnis der Ewigkeit. Und obwohl
es gleichgültig ist, ob man zuoberst oder zuunterst
steht, ist man hier erst eingetreten – wenn man
unendlich hoch steht, ist die Höhe im gewissen
Sinn gleich –, obwohl der Streit um den obersten
und untersten Platz hier ebenso kindisch ist wie
der Streit um den Platz in der Kirche bei einer
Konfirmation, so bin ich doch noch viel zu sehr
Kind, oder richtiger, ich bin wie ein junges Mädchen in Mozart verliebt, und für mich muß er zuoberst stehen, koste es, was es wolle. Und ich will

zum Küster gehen und zum Pfarrer und zum Probst und zum Bischof und zum ganzen Konsistorium, und ich will sie bitten und beschwören, mir meine Bitte zu erfüllen, und die ganze Gemeinde will ich darum anflehen, und will man meine Bitte nicht erhören, meinen kindischen Wunsch nicht erfüllen, dann trete ich aus der Gesellschaft aus, dann trenne ich mich von ihrem Gedankengang, dann bilde ich eine Sekte, die Mozart nicht nur zuoberst setzt, sondern gar keinen anderen als Mozart kennt. Und Mozart will ich um Verzeihung bitten, daß mich seine Musik nicht zu großen Taten begeistert, sondern in einen Narren verwandelt hat, der über ihn sein bißchen Verstand verlor und sich nun oftmals in stiller Wehmut die Zeit damit vertreibt, zu summen, was er nicht versteht, der wie ein Gespenst Tag und Nacht umschleicht, wohin er nicht eindringen kann. Unsterblicher Mozart! Du, dem ich alles verdanke, dem ich verdanke, daß ich meinen Verstand verlor, daß meine Seele erstaunte, daß ich mich in meinem innersten Wesen entsetzte, du, dem ich verdanke, daß mein Leben nicht hinging, ohne daß mich etwas erschüttern konnte, du, dem ich verdanke, daß ich nicht starb, ohne geliebt zu haben, auch wenn meine Liebe unglücklich war. Ist es ein Wunder, wenn ich auf seine Verherrlichung eifersüchtiger bin als auf den glücklichsten Augenblick meines Lebens, eifersüchtiger auf seine Unsterblichkeit als auf mein eigenes Dasein. Ja, würde er weggenommen, würde sein Name ausgelöscht, so würde der einzige Pfeiler umgestoßen, der bisher verhindert hat, daß alles in einem grenzenlosen Chaos, in einem schrecklichen Nichts für mich zusammenstürzte.

Doch daß ihm irgendeine Zeit den Platz in jenem Königreich der Götter streitig machen wird, brauche ich kaum zu befürchten, eher muß ich darauf vorbereitet sein, daß man mich für kindisch hält, weil ich den ersten Platz für ihn verlange. Und obgleich das Kindische für mich stets mehr Bedeutung und größeren Wert bewahren wird als jede erschöpfende Betrachtung – eben weil es unerschöpflich ist –, will ich doch einen Versuch unternehmen, auf dem Weg der Überlegung Mozarts gesetzlichen Anspruch zu beweisen.

Das Glückliche des klassischen Kunstwerks, was seine Klassizität und Unsterblichkeit begründet, ist der absolute Zusammenhalt jener beiden Kräfte. Dieser Zusammenhalt ist so absolut, daß eine später reflektierende Zeit kaum in Gedanken zu trennen vermag, was so innig vereint ist, ohne Gefahr zu laufen, ein Mißverständnis zu bewirken oder zu befördern. Wenn man nun sagt, Homers Glück bestehe darin, daß ihm der vorzüglichste epische Stoff in die Hände fiel, so kann man darüber leicht vergessen, daß wir diesen epischen Stoff stets in Homers Auffassung vor uns haben und uns nur in und mit Homers Transsubstantiation[4] klar ist, daß es sich um den vollkommensten epischen Stoff handelt. Hebt man dagegen Homers dichterische Leistung bei der Durchdringung des Stoffs hervor, so läßt sich darüber leicht vergessen, daß die Dichtung nie geworden wäre, was sie ist, wäre der Gedanke, mit dem Homer sie durchdrang, nicht ihr eigener Gedanke, wäre die Form nicht die eigene Form des Stoffs gewesen. Der Dichter wünscht seinen Stoff, aber man sagt ganz richtig: Wünschen ist keine Kunst, und das trifft mit großer Wahrheit auf eine Vielzahl ohnmächtiger Dichterwünsche zu. Das Rechte wünschen ist dagegen eine große Kunst, oder besser, es ist eine Gabe. Das Unerklärliche und Geheimnisvolle des Genies besteht darin, daß es wie eine Wünschelrute immer nur dort wünscht, wo das Gewünschte vorhanden ist. Wünschen hat also eine weit tiefere Bedeutung als im allgemeinen – ja, dem abstrakten Verstand erscheint es als eine Lächerlichkeit, den er stellt es sich zumeist im Verhältnis zum Nichtvorhandenen und nicht im Verhältnis zum Vorhandenen vor.

Da gab es eine Schule von Ästhetikern, die einseitig die Bedeutung der Form betonten und dadurch nicht ohne Schuld das dementsprechend entgegengesetzte Mißverständnis bewirkten. Daß diese Ästhetiker sich ohne weiteres der Hegelschen Philosophie anschlossen, hat mich oft verwundert, denn sowohl eine allgemeine Kenntnis Hegels wie eine besondere seiner Ästhetik überzeugt davon, daß er vor allem in ästhetischer Hinsicht die Bedeutung des Stoffs außerordentlich betont. Indessen gehören beide Seiten wesentlich zusammen, und eine einzige Betrachtung wird genügen, um dies zu beweisen, denn sonst wäre ein solches Phänomen unerklärlich. Im allgemeinen ist es nur ein einzelnes Werk oder eine einzelne Folge von Werken, die den einzelnen zum klassischen Dichter, Künstler usw. stempelt. Dieselbe Individualität kann viele verschiedene Dinge hervorgebracht haben, die dennoch dazu in keinem Verhältnis stehen. So hat Homer auch eine Batrachomyomachia[5] geschrieben und ist durch sie weder klassisch noch unsterblich geworden. Die Meinung, dies habe seinen Grund in dem unbedeutenden Thema, ist töricht, denn das Klassische ist im Gleichgewicht. Würde nun das, was ein klassisches Kunstwerk zu einem klassischen Kunstwerk macht, einzig und allein in der produzierenden Individualität liegen, so müßten ja alle ihre Werke klassisch sein – in einem ähnlichen, obgleich höheren Sinn, wie die Biene stets eine bestimmte Art von Zellen produziert. Wenn man nun als Grund anführen wollte, daß dem Künstler das eine besser als das andere gelungen sei, dann hätte man eigentlich nichts entgegnet. Zum einen ist das nichts weiter als eine vornehme Tautologie, die nur allzu oft im Leben die Ehre genießt, für eine Antwort gehalten zu werden; zum anderen ist das, als Antwort betrachtet, nicht in der Relation geantwortet, in der gefragt wurde. Sie erhellt nämlich nichts im Hinblick auf das Verhältnis von Stoff und Form und könnte bestenfalls in Betracht gezogen werden, wenn nach der Gestaltung allein gefragt würde.

Auch bei Mozart ist es nun der Fall, daß es nur ein Werk von ihm gibt, welches ihn zu einem klassischen Komponisten und absolut unsterblich macht. Dieses Werk ist Don Juan. Was er ansonsten hervorgebracht hat, kann erheitern und vergnügen, kann unsre Bewunderung erwecken, die Seele bereichern, das Ohr erquicken, das Herz erfreuen; doch man tut ihm und seiner Uunsterblichkeit keinen Dienst, wenn man alles in einen Topf wirft und in der Größe gleichmacht. Der Don Juan ist sein Meisterstück. Mit dem Don Juan tritt er in jene Ewigkeit ein, die nicht außerhalb der Zeit, sondern mitten in ihr liegt, durch keinen Vorhang dem Auge der Menschen verborgen, wo die Unsterblichen nicht ein für allemal aufgenommen sind, sondern immer wieder aufgenommen werden – ein Geschlecht nach dem anderen zieht an ihnen vorüber, ist in ihrer Betrachtung glücklich und verklärt und sinkt ins Grab. Mit seinem Don Juan tritt Mozart in die Reihe jener Unsterblichen ein, jener sichtbar Verklärten, die

keine Wolke dem Auge der Menschen verhüllt;
mit seinem Don Juan steht er in dieser Reihe zuoberst. Letzteres wollte ich, wie oben gesagt, versuchen zu beweisen.

Alle klassischen Kunstwerke stehen, wie oben
bemerkt wurde, gleich hoch, denn jedes steht unendlich hoch. Will man nun dessenungeachtet
einen Versuch unternehmen, in diese Prozession
eine gewisse Ordnung einzuführen, so ergibt sich
von selbst, daß eine solche Ordnung auf nichts
Wesentlichem begründet sein kann; denn sonst
müßte es ja einen wesentlichen Unterschied geben, was wiederum bedeuten würde, daß ihnen
allen das Wort »klassisch« zu Unrecht zugespro-
chen wäre. Wollte man also eine Klassifikation auf
der unterschiedlichen Beschaffenheit des Stoffs
begründen, so würde man sich damit sogleich in
ein Mißverständnis verwickeln, das in seiner weiteren Verbreitung schließlich den gesamten Begriff des Klassischen aufheben würde. Der Stoff,
als der eine Faktor, ist nämlich ein wesentliches
Moment, da er jedoch nur das eine Moment ist, ist
er nicht das Absolute. So könnte man darauf verweisen, daß es bei bestimmten Arten von klassischen Kunstwerken in gewisser Weise keinen
Stoff gibt, während bei anderen der Stoff eine
ganz bedeutende Rolle spielt. Das erste ist bei den
Werken der Fall, die wir als klassisch in Architektur, Skulptur, Musik und Malerei bewundern –

vor allem bei den drei ersten, denn wenn in der Malerei vom Stoff die Rede ist, so fast ausschließlich in der Bedeutung als Anlaß. Das zweite betrifft die Poesie – das Wort Poesie in seiner weitesten Bedeutung verstanden, in der es jegliche künstlerische Hervorbringung bezeichnet, die auf Sprache und historischem Bewußtsein basiert. Diese Bemerkung ist in sich selbst sehr richtig; will man aber eine Klassifikation darauf begründen, daß man das Fehlen oder Vorhandensein des Stoffs für das produzierende Subjekt als einen Vorteil oder Nachteil ansieht, so geht man in die Irre. Genau genommen, wird man dann nämlich das Gegenteil von dem behaupten, was man eigentlich wollte – so wie es immer geht, wenn man sich abstrakt in dialektischen Bestimmungen bewegt, wo es nicht nur gilt, das eine zu sagen und das andere zu meinen, sondern auch das andere zu sagen; man sagt nicht, was man zu sagen glaubt, sondern das Gegenteil. So ist es auch, wenn man den Stoff als Einteilungsprinzip behauptet. Indem man vom Stoff redet, redet man von etwas ganz anderem, nämlich von der Gestaltung. Geht man aber von der Gestaltung aus und will nur sie betonen, so erleidet man dasselbe Schicksal. Wenn man hier den Unterschied setzen und also hervorheben will, daß in einigen Fällen die Gestaltung in einem eben solchen Grade schöpferisch ist, daß sie auch den Stoff erschafft, während sie ihn in anderen Fällen empfängt, so redet man hier wiederum, obgleich man von der Gestaltung zu reden glaubt, eigentlich vom Stoff und begründet die Klassifikation eigentlich auf der Einteilung des Stoffs. Für die Gestaltung als Ausgangspunkt einer solchen Klassifikation gilt genau dasselbe wie für den Stoff. Um eine Rangfolge aufzustellen, darf man also nie die einzelne Seite verwenden, denn sie ist immer zu wesentlich, um zufällig genug zu sein, und zu zufällig, um eine wesentliche Ordnung zu begründen. Dieses absolute gegenseitige Durchdringen aber, von dem man, um es zu verdeutlichen, ebensogut sagen kann, daß der Stoff die Form wie die Form den Stoff durchdringt, – dieses gegenseitige Durchdringen, dieses Gleich mit Gleichem in der unsterblichen Freundschaft des Klassischen, kann dazu dienen, das Klassische von einer neuen Seite zu beleuchten und so zu begrenzen, daß es nicht zu weitläufig wird. Besagte Ästhetiker nämlich, die einseitig die Gestaltung betonten, haben diesen Begriff derart ausgeweitet, daß jenes Pantheon in einer Weise mit klassischen Schnurrpfeifereien und Bagatellen bereichert, ja überladen wurde, daß die natürliche Vorstellung von einer kühlen Halle mit einzelnen markanten, großen Gestalten ganz und gar verschwand und jenes Pantheon eher eine Polterkammer wurde. Nach dieser Ästhetik ist jede künstlerisch vollkommene kleine Nettigkeit ein klassisches Werk, dem absolute Unsterblichkeit gesichert ist; ja, in diesem Hokuspokus räumte man dergleichen Kleinigkeiten den größten Platz ein. Obwohl man ansonsten Paradoxa haßte, fürchtete man sich keineswegs vor jenem Paradox, das besagt, eigentlich wäre das Kleinste die Kunst. Der Fehler liegt darin, daß man einseitig die Formgebung hervorhob. Deshalb konnte sich eine solche Ästhetik nur eine bestimmte Zeit halten, so lange nämlich, wie nicht bemerkt wurde, daß die Zeit ihrer und ihrer klassischen Werke spottet. Auf dem Gebiet der Ästhetik war diese Anschauung eine Form von jenem Radikalismus, der sich in entsprechender Weise auf so vielen Gebieten geäußert hat, sie war eine Äußerung des zügellosen Subjekts in seiner ebenso zügellosen Inhaltslosigkeit. Diese Bestrebung fand indessen wie so viele andere ihren Bezwinger in Hegel. Überhaupt ist es in Hinblick auf die Hegelsche Philosophie eine traurige Wahrheit, daß sie weder für eine vergangene noch für eine gegenwärtige Zeit jene Bedeutung erlangt hat, die sie hätte erlangen können, wenn die Vergangenheit die Leute nicht so heftig zu ihr hingedrängt, sondern statt dessen etwas mehr präsentische Ruhe besessen hätte, um sie sich anzueigenen, wenn die Gegenwart nicht so rastlos tätig gewesen wäre, die Leute wieder von ihr wegzujagen. Hegel setzte den Stoff, die Idee wieder in ihre Rechte ein und vertrieb damit jene flüchtigen klassischen Werke, jene leichten Wesen und Nachtfalter aus den Gewölben der Klassizität. Es ist keineswegs unsere Absicht, diesen Werken den ihnen zukommenden Wert abzuerkennen, doch gilt es, darüber zu wachen, daß nicht hier wie an so vielen anderen Orten die Sprache verwirrt, die Begriffe ihrer Kraft beraubt werden. Eine gewisse Ewigkeit mag man ihnen schon zubilligen, und darin besteht ihr Verdienst; diese Ewigkeit ist jedoch eigentlich nur der ewige Augenblick, den jedes wahre künstlerische Produkt besitzt, und nicht die volle Ewigkeit im ständigen Wechsel der Zeiten. Was diesen Hervorbringungen fehlte, waren Ideen, und je vollendeter sie in formaler Hinsicht waren, um so schneller verbrannten sie in sich selbst, je mehr sich die technische Fertigkeit dem höchsten Grad der Virtuosität näherte, um so flüchtiger wurde sie und hatte nicht Mut noch Kraft noch Haltung, um dem Luftzug der Zeit zu widerstehen, denn, vornehmer und vornehmer, erhob sie immer größeren Anspruch darauf, der reinste Spiritus zu sein. Nur dort, wo die Idee in einer bestimmten Form zu Ruhe und Durchsichtigkeit gekommen ist, nur dort kann von einem klassischen Werk die Rede sein; ein solches Werk aber wird auch den Zeiten widerstehen können. Diese Einheit, diese wechselseitige, gegenseitige Innerlichkeit besitzt jedes klassische Werk, und daher ist leicht einzusehen, daß jeder Versuch einer Klassifikation der verschiedenen klassischen Werke, der von einer Trennung von Stoff und Form oder Idee und Form ausgeht, *eo ipso* verfehlt ist.

Man könnte sich einen anderen Weg vorstellen. Man könnte das Medium, in welchem die Idee sichtbar wird, zum Gegenstand der Betrachtung erheben und, ausgehend von der Beobachtung, daß ein Medium reicher, ein anderes ärmer ist, die Einteilung darauf begründen, daß man in Reichtum oder in Armut des Mediums jeweils einen Vorteil oder einen Nachteil sieht. Doch steht das Medium in einem allzu notwendigen Verhältnis zu dem gesamten Produkt, als daß sich eine Einteilung, die sich hierauf begründet, nicht durch ein paar Gedankenbewegungen in den zuvor erwähnten Schwierigkeiten verstricken würde.

Dagegen glaube ich durch folgende Betrachtungen eine Einteilung in Aussicht zu stellen, die Gültigkeit haben wird, gerade weil sie ganz und gar zufällig ist. Je abstrakter und also ärmer die Idee, je abstrakter und also ärmer das Medium ist, um so größer ist die Wahrscheinlichkeit, daß eine Wiederholung undenkbar ist, um so größer ist die Wahrscheinlichkeit, daß die Idee, hat sie ihren Ausdruck erst gefunden, ihn ein für allemal gefunden hat. Je konkreter hingegen und also reicher die Idee – und dasselbe gilt für das Medium –, um so größer die Wahrscheinlichkeit einer Wiederholung. Wenn ich nun all die verschiedenen klassi-

schen Werke nebeneinanderreihe und, ohne sie
ordnen zu wollen, mich gerade darüber verwun-
dere, daß sie alle gleich hoch stehen, so wird bald
offenbar, daß eine Sektion mehr Arbeiten als eine
andere zählt oder doch zählen könnte, während
sich für die andere Sektion eine derartige Möglichkeit kaum ergibt.

Dies möchte ich ein wenig näher ausführen. Je
abstrakter die Idee, um so geringer ist die Wahrscheinlichkeit. Wie aber wird die Idee konkret?
Dadurch, daß sie vom Historischen durchdrungen
ist. Je konkreter die Idee, um so größer die Wahrscheinlichkeit. Je abstrakter das Medium, um so
geringer die Wahrscheinlichkeit, je konkreter, um
so größer. Daß das Medium konkret ist, will jedoch nichts anderes besagen, als daß es sich in seiner Approximation[6] zur Sprache befindet oder in
ihr gesehen wird, denn die Sprache ist das konkre-
teste aller Medien. So ist die Idee, die in der
Skulptur zur Offenbarung kommt, vollkommen
abstrakt und steht zum Historischen in keinem
Verhältnis; auch das Medium, in dem sie sichtbar
wird, ist abstrakt: also ist die Wahrscheinlichkeit
groß, daß die Sektion der klassischen Arbeiten der
Skulptur nur wenige Werke enthält. Dies wird mir
von der Zeit vollauf bezeugt und von der Erfahrung bestätigt. Nehme ich dagegen eine konkrete
Idee und ein konkretes Medium, so stellt sich etwas anderes heraus. Homer ist dergestalt wohl ein

klassischer epischer Dichter, aber gerade weil die Idee, die im Epischen sichtbar wird, eine konkrete Idee und weil ihr Medium die Sprache ist, lassen sich in jener Sektion klassischer Werke, die das Epische umfaßt, mehr Werke denken, die alle gleich klassisch sind, denn die Geschichte stellt ständig neuen epischen Stoff zur Verfügung. Auch das wird mir von der Geschichte bezeugt und von der Erfahrung bestätigt.

Wenn ich nun auf diesem ganz und gar Zufälligen eine Einteilung begründe, so kann man mir ihre Zufälligkeit eigentlich kaum bestreiten. Will man mir daraus aber einen Vorwurf machen, so antworte ich: man irrt – zufällig soll sie gerade sein. Es ist zufällig, daß die eine Sektion mehr Werke zählt oder zählen kann als die andere. Weil dies aber zufällig ist, so ist leicht zu begreifen, daß sich ebensogut jene Klasse zuoberst setzen ließe, welche die meisten zählt oder zählen kann. Ich könnte nun auf dem zuvor Gesagten beharren und ganz ruhig erwidern, man habe darin völlig recht und müsse daher meine Konsequenz, daß ich rein zufällig die entgegengesetzte Sektion zuoberst stelle, um so mehr loben. Das aber will ich nicht tun, sondern statt dessen auf einen Umstand verweisen, der zu meinen Gunsten spricht – jenen Umstand nämlich, daß die Sektionen der konkreten Ideen nicht abgeschlossen sind und sich nicht abschließen lassen. Deshalb ist es natürlicher, die anderen voranzustellen und für die letzteren die Flügeltüren stets offen zu halten. Wer dies jedoch als eine Unzulänglichkeit, als einen Mangel jener ersten Klasse bezeichnen will, der pflügte nicht auf dem Feld meiner Betrachtung, und ich kann seine Rede, wie tiefgründig sie sein mag, nicht beachten; denn der feste Punkt ist eben der, daß alles, wesentlich betrachtet, gleich vollkommen ist.

Doch welche Idee ist nun die abstrakteste? Hier wird natürlich nur nach einer Idee gefragt, die Gegenstand künstlerischer Behandlung werden kann, nicht nach Ideen, die sich zur wissenschaftlichen Darstellung eignen. Welches Medium ist das abstrakteste? Darauf will ich zuerst eingehen. Es ist das Medium, das von der Sprache am weitesten entfernt ist.

Bevor ich aber zur Beantwortung dieser Frage übergehe, möchte ich an eine Schwierigkeit erinnern, die sich für die endgültige Lösung meiner Aufgabe ergibt: daß nämlich das abstrakteste Medium nicht immer die abstrakteste Idee zum Gegenstand hat. So ist das Medium der Architektur wohl das abstrakteste, und doch sind jene Ideen, die in der Architektur zur Offenbarung kommen, keineswegs die abstraktesten. Die Architektur steht in einem viel engeren Verhältnis zur Geschichte als beispeilsweise die Skultpur. Hier zeigt sich die Möglichkeit einer neuen Wahl. Ich kann für die erste Klasse in jener Rangordnung entweder diejenigen Werke auswählen, deren Medium am abstraktesten, oder diejenigen, deren Idee am abstraktesten ist. In dieser Hinsicht möchte ich die Idee dem Medium vorziehen.

Abstrakte Medien gebrauchen nun sowohl Architektur als auch Skulptur, Malerei und Musik. Dies näher zu untersuchen, ist hier nicht der Ort. Die abstrakteste Idee, die sich denken läßt, ist die sinnliche Genialität. Durch welches Medium aber läßt sie sich darstellen? Einzig und allein – durch Musik. Sie läßt sich nicht in der Skultpur darstellen, denn sie ist eine Art Bestimmung der Innerlichkeit in sich; sie läßt sich nicht malen, denn sie kann nicht in einem bestimmten Umriß erfaßt werden, sie ist in all ihrer Lyrik eine Kraft, ein Sturm, Ungeduld, Leidenschaft usw., doch ist sie nicht in einem Moment, sondern in einer Sukzession von Momenten – denn wenn sie in einem Moment wäre, ließe sie sich abbilden oder malen. Daß sie in einer Sukzession von Momenten ist, drückt ihren epischen Charakter aus, sie ist jedoch nicht episch im strengeren Sinn, denn sie ist noch nicht zu Wort gekommen und bewegt sich ständig in einer Unmittelbarkeit. Daher läßt sie sich auch in Poesie nicht darstellen. Das einzige Medium, das sie darstellen kann, ist die Musik. Die Musik enthält nämlich ein Moment von Zeit, verläuft jedoch nur im uneigentlichen Sinn in der Zeit. Das Historische der Zeit kann sie nicht ausdrücken.

Die vollendete Einheit dieser Idee und der ihr entsprechenden Form haben wir nun in Mozarts Don Juan. Und eben weil die Idee so ungeheuer abstrakt, weil auch das Medium abstrakt ist, besteht keinerlei Wahrscheinlichkeit dafür, daß Mozart je einen Konkurrenten haben wird. Mozarts Glück ist es, daß er einen Stoff bekommen hat, der in sich selbst absolut musikalisch ist, und wenn irgendein anderer Komponist mit Mozart wetteifern wollte, so bliebe ihm nichts anderes übrig, als den Don Juan noch einmal zu komponieren. Homer hat einen vollendet epischen Stoff bekommen, doch weil die Geschichte mehr epischen Stoff bietet, lassen sich weit mehr epische Dichtungen denken. Mit dem Don Juan ist das nicht so. Was ich eigentlich meine, wird man vielleicht am besten verstehen, wenn ich den Unterschied in Hinblick auf eine verwandte Idee verdeutliche. Goethes Faust ist recht eigentlich ein klassisches Werk; seine Idee ist jedoch eine historische Idee, und daher wird jede bedeutende Zeit ihren Faust haben. Der Faust hat als Medium die Sprache, und da die Sprache ein viel konkreteres Medium ist, lassen sich auch aus diesem Grund mehrere Werke derselben Art vorstellen. Der Don Juan hingegen ist und bleibt das einzige Werk seinesgleichen, im selben Sinn wie die klassischen Werke der griechischen Skultpur. Weil aber die Idee des Don Juan viel abstrakter ist als jene der Skulptur, ist

leicht einzusehen, daß man in der Skultpur mehrere Werke hat, in der Musik dagegen nur ein einziges. Freilich ließen sich in der Musik mehr klassische Werke vorstellen, und doch bleibt nur ein
Werk, von dem man sagen kann, daß seine Idee
absolut musikalisch ist, wo die Musik nicht als Akkompagnement hinzukommt, sondern in der Offenbarung der Idee ihr eigenes innerstes Wesen
offenbart. Deshalb steht Mozart mit seinem Don
Juan in der Reihe jener Unsterblichen zuoberst.

Doch ich gebe diese ganze Untersuchung auf.
Sie ist nur für Verliebte geschrieben. Und wie sich
Kinder über eine Kleinigkeit freuen können, so
können sich Verliebte bekanntlich oft über höchst
seltsame Dinge freuen. Diese Untersuchung
gleicht einem heftigen Disput der Liebe über
nichts, und doch hat sie ihren Wert – für die Liebenden.

Während das Vorhergehende auf jede mögliche
Weise, ob nun denkbar oder undenkbar, um Anerkennung bemüht war, daß Mozarts Don Juan
unter allen klassischen Werken den ersten Platz
einnimmt, wurde andererseits so gut wie kein
Versuch unternommen, zu beweisen, daß dieses
Werk wirklich klassisch ist; denn die einzelnen
Hinweise, die sich hier und da finden, zeigen ja,
gerade weil sie nur Hinweise sind, daß keineswegs
etwas bewiesen, sondern nur gelegentlich beleuchtet werden sollte. Ein solches Verfahren

könnte mehr als sonderbar anmuten. Der Beweis, daß der Don Juan ein klassisches Werk ist, das ist im strengsten Sinn eine Aufgabe des Denkens; dagegen ist jenes andere Streben dem eigentlichen Bereich des Denkens völlig fremd. Die Bewegung des Gedankens ist beruhigt durch die Erkenntnis, daß dies ein klassisches Werk und daß jede klassische Hervorbringung gleich vollkommen ist – was man darüber hinaus tun will, ist für das Denken von Übel. Insofern ist alles Vorhergehende in einem Selbstwiderspruch verfangen und löst sich mühelos in ein Nichts auf. Das ist indessen ganz richtig, und ein solcher Selbstwiderspruch liegt tief in der menschlichen Natur begründet. Die Bewunderung in mir, die Sympathie, die Pietät, das Kind in mir, das Weib in mir haben mehr gefordert, als der Gedanke geben konnte. Der Gedanke war beruhigt und ruhte froh in seiner Erkenntnis; da ging ich zu ihm und bat, er möge sich noch einmal in Bewegung setzen und das Äußerste wagen. Er wußte wohl, daß es vergeblich war; weil ich aber gewöhnlich in gutem Einvernehmen mit ihm lebe, wies er mich doch nicht zurück. Seine Bewegung war indessen ohne Ergebnis, er ging, von mir angefeuert, ständig über sich selbst hinaus und fiel ständig in sich selbst zurück. Ständig suchte er festen Boden und konnte ihn nicht finden, ständig suchte er Grund und konnte weder schwimmen noch waten. Es war zum Lachen und zum Weinen zugleich. So tat ich beides und war ihm sehr dankbar, daß er mir diesen Dienst nicht verweigert hatte. Und obwohl mir die Sinnlosigkeit nun vollkommen klar ist, könnte mir wohl einfallen, ihn zu bitten, noch einmal jenes Spiel zu spielen, das mir ein unerschöpflicher Quell der Freude ist. Ein Leser, der dieses Spiel langweilig findet, gehört natürlich nicht zu meinesgleichen, für ihn ist es bedeutungslos, und es gilt hier wie überall: gleich zu gleich gesellt sich gern. Für einen solchen Leser ist alles Vorhergehende überflüssig, während es für mich eine so große Bedeutung hat, daß ich mit Herz darüber sage:

exilis domus est, ubi non et multa supersunt.[7]

Für ihn ist es Torheit, für mich eine Weisheit, ihm ist es langweilig, mir Lust und Freude.

Ein solcher Leser würde mit meiner Gedankenlyrik, die so übermütig ist, daß sie über den Gedanken hinausgeht, also nicht sypathisieren können; vielleicht wäre er aber gutmütig genug, um zu sagen: Wir wollen uns darum nicht streiten, ich überspringe diesen Teil; und sieh nun zu, daß du zu dem viel Wichtigeren kommst, zu dem Beweis nämlich, daß der Don Juan ein klassisches Werk ist – denn das wäre, zugegeben, für die eigentliche Untersuchung eine recht passende Einleitung. – Inwieweit dies eine passende Einleitung wäre, möchte ich dahingestellt sein lassen, doch zu meinem Unglück kann ich hier abermals nicht mit ihm sympathisieren; denn wie leicht mir ein solcher Beweis auch fiele – es könnte mir niemals einfallen, ihn zu führen. Dagegen wird das Folgende, in dem ich diese Sache stets als entschieden voraussetze, vielmals und auf vielerlei Weise dazu dienen, den Don Juan als ein klassisches Werk zu beleuchten, wie schon das Vorhergehende einzelne Hinweise enthielt.

*

Diese Untersuchung hat sich vor allem zur Aufgabe gestellt, die Bedeutung des Musikalisch-Erotischen zu zeigen und zu diesem Zweck wiederum die verschiedenen Stadien hervorzuheben, deren Gemeinsamkeit darin besteht, daß sie alle unmittelbar erotisch und gleichzeitig wesentlich musikalisch sind. Was ich hierzu zu sagen habe, verdanke ich einzig und allein Mozart. Sollte daher der eine oder andere so höflich sein, um mir in dem, was ich vortragen will, recht zu geben, andererseits aber ein wenig daran zweifeln, ob es auch in Mozarts Musik liegt oder ob nicht eher ich derjenige bin, der es dort hineinlegt, so kann ich ihm versichern, daß nicht nur das Wenige, was ich vorzutragen vermag, in Mozarts Musik liegt, sondern unendlich viel mehr – ja, ich kann ihm versichern, daß gerade dieser Gedanke mir die Kühnheit gibt, den Versuch zu wagen, einzelne Dinge in Mozarts Musik zu erklären. Was man geliebt hat mit ju-

gendlicher Schwärmerei, was man bewundert hat
mit jugendlichem Enthusiasmus, womit man in
tiefster Seele einen geheimnisvollen, rätselhaften
Umgang hatte, was man verschlossen hielt in seinem Herzen: dem nähert man sich stets mit einer
gewissen Scheu, mit einem gemischten Gefühl,
wenn man weiß, man will es verstehen. Was man
Stück für Stück kennenlernte – wie ein Vogel, der
jedes Hälmchen einzeln schluckt und sich mehr
über jedes Teilchen freut als über die ganze übrige
Welt; was das liebende Ohr einsam aufnahm, einsam in der großen Volksmenge, unbemerkt in seinem geheimen Versteck, was das hungrige Ohr
auffing, ohne je satt zu werden, was das geizige
Ohr versteckte, ohne je Sicherheit zu haben, was
noch mit seinem zartesten Widerhall die schlaf-
lose Aufmerksamkeit des lauschenden Ohrs stets
belohnte; worin man gelebt hat bei Tage, was man
durchlebt hat bei Nacht, was den Schlaf verjagte
und ihn mit Unruhe füllte, wovon man schlafend
träumte, wovon man aufgewacht ist, zu wach, um
weiter davon zu träumen, was einen mitten in der
Nacht aus dem Bett trieb, weil man fürchtete, man
könnte es vergessen; was einem in den begeistert-
sten Augenblicken erschienen ist, was man wie
eine weibliche Handarbeit nie zur Seite legte; was
einem in den hellen, mondklaren Nächten folgte,
in einsamen Wäldern an den Ufern des Sees, in
den finsteren Straßen, mitten in der Nacht, bei

Anbruch des Morgens, was mit zu Pferde saß, einen im Wagen begleitete, was das Heim durchtränkte, woran das Zimmer sich erinnert, was im Ohr widerklang, was die Seele durchtönte, was die Seele in ihr feinstes Gewebe verwob – das zeigt sich nun dem Gedanken; jenen rätselhaften Wesen aus den Geschichten der Vorzeit gleich, die, in Tang gekleidet, vom Meeresgrund aufsteigen, so erhebt es sich aus dem Meer der Erinnerung, im Gedächtnis befestigt. Die Seele wird wehmütig und das Herz wird weich; denn es ist, als müßte man Abschied nehmen, als müßte man sich trennen, um nie wieder einander zu begegnen, weder in Zeit noch in Ewigkeit. Man glaubt, man sei ihm untreu, man habe den Bund verraten, man fühlt, daß man nicht mehr derselbe, nicht mehr so jung, nicht mehr so kindlich ist; man fürchtet doppelt für sich selbst, daß man verlieren soll, was einen froh und reich und glücklich machte; für das, was man liebt, daß es bei dieser Verwandlung Schaden nimmt, sich vielleicht weniger vollkommen zeigt und möglicherweise die Antwort auf so viele Fragen schuldig bleibt – ach, und dann ist alles verloren, der Zauber verflogen und nie wieder hervorzurufen. Was Mozarts Musik betrifft, so kennt meine Seele keine Furcht, mein Vertrauen keine Grenze. Zum einen habe ich nämlich bisher sehr wenig verstanden, und es bleibt noch immer genug, was sich im Schatten der Ahnung verbirgt;

zum anderen bin ich davon überzeugt: könnte ich Mozart jemals ganz begreifen, so würde er mir erst recht vollkommen unbegreiflich werden.

Die Behauptung, das Christentum habe die Sinnlichkeit in die Welt gebracht, scheint kühn gewagt. Aber das Sprichwort: Frisch gewagt ist halb gewonnen, gilt auch hier, das wird man einsehen, wenn man bedenkt, daß man durch die Position des einen indirekt das andere poniert[8], welches man ausschließt. Weil das Sinnliche überhaupt das zu Negierende ist, wird es erst recht sichtbar und wird erst durch jenen Akt poniert, der es ausschließt, indem er das entgegengesetzte Positive poniert. Als Prinzip, als Kraft, als System in sich ist die Sinnlichkeit erst durch das Christentum gesetzt, und insofern hat das Christentum die Sinnlichkeit in die Welt gebracht. Wenn man diesen Satz, das Christentum habe die Sinnlichkeit in die Welt gebracht, jedoch richtig verstehen will, muß man ihn als identisch mit seiner Entgegensetzung verstehen: daß nämlich das Christentum die Sinnlichkeit aus der Welt vertrieben, die Sinnlichkeit aus der Welt ausgeschlossen hat. Als Prinzip, als Kraft, als System in sich ist die Sinnlichkeit erst durch das Christentum gesetzt; ich könnte noch eine Bestimmung hinzufügen, die vielleicht auf das nachdrücklichste zeigt, was ich meine: unter der Bestimmung des Geistes ist die Sinnlichkeit erst durch das Christentum gesetzt. Dies ist ganz natürlich, denn das Christentum ist Geist und der Geist das positive Prinzip, welches das Christentum in die Welt gebracht hat. Wenn aber die Sinnlichkeit unter der Bestimmung des Geistes gesehen wird, so ist ihre Bedeutung die, daß sie auszuschließen ist; doch gerade dadurch, daß sie ausgeschlossen werden soll, ist sie als Prinzip, als Macht bestimmt; denn was der Geist, der selbst ein Prinzip ist, ausschließen soll, muß sich als Prinzip erweisen, auch wenn es sich erst in dem Augenblick als Prinzip erweist, da es ausgeschlossen wird. Wollte man dagegen einwenden, daß die Sinnlichkeit vor dem Christentum in der Welt gewesen sei, so wäre das natürlich äußerst töricht, denn es versteht sich von selbst, daß das Auszuschließende stets vor dem Ausschließenden vorhanden ist, obgleich es im anderen Sinn erst entsteht, indem es ausgeschlossen wird. Dies hat wieder zur Ursache, daß es in einem anderen Sinn entsteht, und deshalb sagte ich ja gleich: Frisch gewagt ist nur halb gewonnen.

Die Sinnlichkeit ist also vorher in der Welt gewesen, nicht aber geistig bestimmt. Wie war sie dann? Sie war seelisch bestimmt. Das war sie im Heidentum, und wollte man den vollkommensten Ausdruck dafür suchen, so in Griechenland. Die Sinnlichkeit, seelisch bestimmt, ist jedoch nicht Gegensatz, Ausschließung, sondern Harmonie und Zusammenklang. Doch eben weil sie gesetzt ist als harmonisch bestimmt, ist sie nicht als Prinzip gesetzt, sondern als ein mitlautendes Enklitikon.

Diese Betrachtung wird von Bedeutung sein, um die unterschiedliche Gestalt zu beleuchten, die das Erotische auf unterschiedlichen Entwicklungsstufen im Weltbewußtsein annimmt, und wird uns dadurch zur Bestimmung des Unmittelbar-Erotischen als identisch mit dem Musikalisch-Erotischen hinführen. In der Grazität war die Sinnlichkeit in der schönen Individualität beherrscht, oder besser gesagt, sie war nicht beherrscht, denn sie war ja kein Feind, der zu unterdrücken, kein gefährlicher Aufrührer, der zu bezwingen war, in der schönen Individualität war sie frei zu Leben und Freude. Die Sinnlichkeit war also nicht als Prinzip gesetzt; das Seelische, welches die schöne Individualität konstituierte, war ohne das Sinnliche nicht denkbar; daher war auch das Erotische, auf dem Sinnlichen begründet, nicht als Prinzip gesetzt. Die Liebe war überall als Moment und momentweise in der schönen Individualität vorhanden. Götter nicht weniger als Menschen kannten ihre Macht, Götter nicht weniger als Menschen kannten glückliche und unglückliche Liebesabenteuer. Doch weder bei Göttern noch bei Menschen gab es die Liebe als Prinzip; sofern sie in ihnen, in dem einzelnen war, so als ein Moment der allgemeinen Macht der

Liebe, die es indessen nirgends gab und daher auch nicht in der griechischen Vorstellung oder im griechischen Bewußtsein. Man könnte gegen mich einwenden, daß Eros ja der Gott der Liebe war, in ihm also müsse man sich die Liebe als Prinzip vorhanden denken. Doch abgesehen davon, daß auch hier die Liebe nicht auf dem Erotischen, das allein auf dem Sinnlichen begründet ist, sondern auf dem Seelischen beruht, so ist gleichzeitig ein zweiter Umstand zu beachten, den ich nun etwas stärker herausheben will. Eros war der Gott der Liebe, selbst aber war er nicht verliebt. Wenn die anderen Götter oder die Menschen die Macht der Liebe in sich spürten, so schrieben sie das Eros zu, führten es auf ihn zurück, doch Eros selbst verliebte sich nicht, und daß es ihm einmal geschah, war eine Ausnahme, und obgleich er der Gott der Liebe war, stand er in der Anzahl der Abenteuer doch weit hinter den übrigen Göttern, weit hinter den Menschen zurück. Darin, daß er sich verliebte, ist wohl vor allem ausgedrückt, daß auch er sich der allgemeinen Macht der Liebe beugte, die solcherart gewissermaßen zu einer Macht außerhalb seiner selbst wurde und, von ihm abgewiesen, nun keinen Zufluchtsort mehr hatte. Seine Liebe beruht auch nicht auf dem Sinnlichen, sondern auf dem Seelischen. Es ist ein echt griechischer Gedanke, daß der Gott der Liebe selbst nicht verliebt ist, während alle anderen ihm verdanken, daß sie

33

es sind. Stellte ich mir einen Gott oder eine Göttin der Sehnsucht vor, so wäre es echt griechisch, daß dieses Wesen selbst nichts von Sehnsucht wüßte, während alle, die ihre süße Unruhe oder ihren Schmerz erfahren hätten, sie auf dieses Wesen zurückführten. Um die Eigenart dieses Verhältnisses näher zu bezeichnen, kann ich nichts anderes sagen, als daß es sich um die Umkehrung eines repräsentativen Verhältnisses handelt. Im repräsentativen Verhältnis ist die ganze Kraft in einem einzelnen Individuum gesammelt, und die einzelnen Individuen partizipieren daran, insofern sie an seinen einzelnen Bewegungen partizipieren. Ich könnte auch sagen: dieses Verhältnis ist die Umkehrung jenes Verhältnisses, das der Inkarnation zugrunde liegt. In der Inkarnation hat das einzelne Individuum die ganze Lebensfülle in sich, und diese ist für die übrigen Individuen nur dadurch vorhanden, als sie sie im inkarnierten Individuum betrachten. Im griechischen Verhältnis ist es also umgekehrt. Das, was die Kraft des Gottes ist, ist nicht im Gott, sondern in allen übrigen Individuen, die es auf ihn zurückführen; er selbst ist gleichsam kraftlos, ohnmächtig, denn er gibt seine Kraft der ganzen übrigen Welt. Das inkarnierte Individuum saugt die Kraft gleichsam aus all den übrigen, die Fülle ist nun in ihm und nur insoweit in den anderen, als sie sie in jenem Individuum betrachten. Dies ist nicht nur für das Folgende von

Wichtigkeit, sondern ist auch an sich bedeutsam in Hinblick auf jene Kategorien, die das Weltbewußtsein zu verschiedenen Zeiten gebraucht. Die Sinnlichkeit als Prinzip finden wir in der Grazität also nicht, das Erotische als Prinzip, basierend auf dem Prinzip der Sinnlichkeit, finden wir ebensowenig, und selbst wenn wir es gefunden hätten, so sehen wir doch – was für diese Untersuchung von größter Wichtigkeit ist –, daß das griechische Bewußtsein nicht die Kraft besitzt, um das Ganze in einem einzigen Individuum zu konzentrieren, sondern es von einem Punkt, der es nicht hat, zu allen anderen ausstrahlt, so daß es für diesen konstituierenden Punkt beinahe kennzeichnend ist, daß er als einziger nicht hat, was er allen anderen gibt.

Die Sinnlichkeit als Prinzip ist also ebenso wie das Sinnlich-Erotische als Prinzip durch das Christentum gesetzt; die Idee der Repräsentation ist durch das Christentum in die Welt gebracht. Denke ich mir nun das Sinnlich-Erotische als Prinzip, als Kraft, als Reich, bestimmt vom Geist, das heißt so bestimmt, daß es der Geist ausschließt, denke ich es mir konzentriert in einem einzigen Individuum, so habe ich den Begriff der sinnlich-erotischen Genialität. Dies ist eine Idee, die der Grazität unbekannt war, erst das Christentum hat sie in die Welt gebracht, obgleich nur in diskreterem Sinn.

Verlangt diese sinnlich-erotische Genialität nun in all ihrer Unmittelbarkeit nach einem Ausdruck, so ist die Frage, welches Medium sich dafür eignet. Hier muß besonders festgehalten werden, daß sie in ihrer Unmittelbarkeit dargestellt und ausgedrückt werden soll. Ist sie mittelbar und in anderem reflektiert, so fällt sie in den Bereich der Sprache und unterliegt ethischen Bestimmungen. In ihrer Unmittelbarkeit kann sie nur durch Musik ausgedrückt werden. In diesem Zusammenhang darf ich den Leser bitten, sich an das Wenige zu erinnern, das in der nichtssagenden Einleitung dazu gesagt wurde. Hier zeigt die Musik ihre volle Bedeutung, und sie erweist sich in strengerem Sinn als eine christliche Kunst, oder richtiger, als diejenige Kunst, welche das Christentum setzt, indem es sie ausschließt, denn die Musik ist das Medium dessen, was das Christentum von sich ausschließt und damit setzt. Mit anderen Worten: die Musik ist das Dämonische. In der erotisch-sinnlichen Genialität hat die Musik ihren absoluten Gegenstand. Damit soll natürlich keineswegs gesagt sein, daß die Musik nichts anderes ausdrücken kann, dies aber ist doch ihr eigentlicher Gegenstand. So kann die Bildhauerkunst neben der menschlichen Schönheit noch vieles andere darstellen, und doch ist sie ihr absoluter Gegenstand; die Malerei vieles andere neben der himmlisch verklärten Schönheit, und doch ist sie ihr absoluter

Gegenstand. In diesem Zusammenhang kommt es darauf an, in jeder Kunst den Begriff zu sehen und sich nicht davon beirren zu lassen, was sie noch alles kann. Der Begriff des Menschen ist Geist, und man soll sich nicht davon beirren lassen, daß der Mensch außerdem noch auf Zehen gehen kann. Der Begriff der Sprache ist der Gedanke, und man soll sich nicht davon beirren lassen, daß einige empfindsame Menschen meinen, die höchste Bedeutung der Sprache liege darin, unartikulierte Laute hervorzubringen.

Man gestatte mir hier abermals ein kleines nichtssagendes Zwischenspiel: *praeterea censeo*[9], daß Mozart der größte aller klassischen Künstler ist, daß sein Don Juan den obersten Platz von allen klassischen Kunstwerken verdient.

Was nun die Musik, als Medium betrachtet, angeht, so ist das natürlich stets eine besonders interessante Frage. Eine andere Frage ist es, ob ich imstande bin, darüber etwas Befriedigendes zu sagen. Ich weiß sehr wohl, daß ich mich nicht auf Musik verstehe, ich gebe gern zu, daß ich ein Laie bin, ich verheimliche keineswegs, daß ich nicht zu dem auserwählten Volk der Musikkundigen gehöre, daß ich allenfalls ein Proselyt des Tores[10] bin, den ein sonderbarer unwiderstehlicher Drang aus großer Ferne hierher, aber auch nicht weiter führte; dennoch aber wäre es möglich, daß das wenige, was ich zu sagen hätte, eine einzelne Bemerkung enthielte, der man mit Nachsicht und Wohlwollen ein Körnchen Wahrheit zubilligen würde, auch wenn es sich unter armseligem Kleid versteckte. Ich stehe außerhalb der Musik, und von diesem Standpunkt betrachte ich sie. Daß ein solcher Standpunkt höchst unvollkommen ist, gestehe ich gern ein, daß ich im Vergleich mit den Glücklichen, die in der Musik stehen, sehr wenig zu sehen bekomme, bestreite ich nicht; dennoch gebe ich die Hoffnung nicht auf, daß ich auch von meinem Standpunkt einzelnes mitteilen kann, obgleich es die Eingeweihten viel besser könnten, ja, in gewisser Weise sogar viel besser als ich selbst verstehen, was ich sage. Stellte ich mir zwei Reiche vor, die aneinandergrenzen, von denen eins mir ziemlich genau bekannt und das andere völlig unbekannt wäre, und wenn es mir nicht erlaubt wäre – wie sehr ich es auch wünschte –, in jenes unbekannte Reich einzudringen, so würde ich mir dennoch eine Vorstellung von ihm machen können. Ich würde hinaus bis an die Grenze des mir bekannten Reiches wandern, ihr ständig folgen, und mit dieser Bewegung würde ich den Umriß jenes unbekannten Lands beschreiben und auf solche Art eine allgemeine Vorstellung von ihm bekommen, obgleich ich meinen Fuß niemals dorthin gesetzt hätte. Und wenn mich diese Arbeit nun sehr beschäftigte, wenn meine Genauigkeit mir keine Ruhe ließe, so würde es wohl manchmal auch geschehen, wenn ich wehmütig an der Grenze meines Reiches stünde und sehnsuchtsvoll in jenes unbekannte Land schaute, mir so nah und doch so fern, – daß mir eine einzelne kleine Offenbarung zuteil würde. Und obgleich ich fühle, daß die Musik eine Kunst ist, die im hohen Grad Erfahrung fordert, wenn man recht eine Meinung von ihr haben will, so tröste ich mich wie so oft mit dem Paradox, daß man auch in Ahnung und Unwissenheit eine Art Erfahrung machen kann, ich tröste mich damit, daß Diana, die selbst nicht geboren hatte, den Gebärenden zu Hilfe kam, ja, daß sie diese Gabe schon von Kindheit an besaß und sogar Latone in ihren Wehen zu Hilfe kam, als sie selbst geboren wurde.

Das mir bekannte Reich, zu dessen äußerster Grenze ich gehen will, um die Musik zu entdecken, ist die Sprache. Auch wenn man die verschiedenen Medien in einem bestimmten Entwicklungsprozeß anordnen will, muß man Sprache und Musik einander am nächsten setzen, deshalb hat man die Musik auch als eine Sprache bezeichnet, und das ist mehr als eine geistreiche Bemerkung. Wollte man sich nämlich in Geistreichelei gefallen, dann könnte man auch Skulptur und Malerei eine Art Sprache nennen, denn weil das Wesen der Idee die Sprache ist, stellt jeder Ausdruck der Idee eine Sprache dar. Daher reden geistreiche Leute von der Sprache der Natur, und süßliche Pastoren schlagen hin und wieder das Buch der Natur vor uns auf und lesen etwas vor, was weder sie noch ihre Zuhörer verstehen. Wenn es mit jener Bemerkung, daß die Musik eine Sprache sei, keine bessere Bewandtnis hätte, so würde ich sie nicht bemühen, sondern sie unerwähnt und als das gelten lassen, was sie wäre. Aber so ist es nicht. Erst indem der Geist gesetzt ist, ist die Sprache in ihre Rechte eingesetzt, damit ist jedoch alles, was nicht Geist ist, ausgeschlossen. Diese Ausschließung aber ist die Bestimmung des Geistes, und wenn sich das Ausgeschlossene geltend machen soll, erfordert es daher ein Medium, das geistig bestimmt ist, und dieses Medium ist die Musik. Doch ein geistig bestimmtes Medium ist wesentlich Sprache, und da die Musik nun geistig bestimmt ist, wurde sie mit Recht eine Sprache genannt.

Die Sprache ist, als Medium betrachtet, das absolut geistig bestimmte Medium, sie ist daher das eigentliche Medium der Idee. Dies weiter zu entwickeln liegt weder in meiner Kompetenz noch im Interesse dieser kleinen Untersuchung. Nur eine einzelne Bemerkung, die mich abermals in die Musik führt, möge hier Platz finden. Im Medium der Sprache ist das Sinnliche zum bloßen Werkzeug herabgesetzt und wird ständig negiert. Bei den anderen Medien ist das nicht der Fall. Weder in der Skulptur noch in der Malerei ist das Sinnliche ein bloßes Werkzeug, sondern gehört mit dazu, es soll auch nicht ständig negiert, sondern ständig mit gesehen werden. Wollte ich mich bei der Betrachtung einer Bildhauerarbeit oder eines Gemäldes bemühen, das Sinnliche hinwegzusehen, so wäre das seltsam-widersinnig, denn ich würde dadurch seine Schönheit ganz und gar aufheben. In Skulptur, Architektur, Malerei ist die Idee im Medium gebunden; daß die Idee das Medium jedoch nicht zum bloßen Werkzeug herabsetzt, es nicht ständig negiert, ist gleichsam ein Ausdruck dafür, daß dieses Medium nicht reden kann. So ist es auch mit der Natur. Daher sagt man mit Recht, die Natur sei stumm und Architektur und Skulptur und Malerei ebenfalls; man sagt es mit Recht, all den feinen, empfindsamen Ohren zum Trotz, die sie reden hören können. Die Natur für eine Sprache zu halten ist daher ebenso töricht, wie es unsinnig ist, das Stumme als sprechend zu bezeichnen, denn sie ist es nicht einmal im Sinne einer Fingersprache. Mit der Sprache aber ist es anders. Das Sinnliche ist zum bloßen Werkzeug herabgesetzt und also aufgehoben. Würde ein Mensch in einer Weise sprechen, daß man den Schlag seiner Zunge usw. hörte, so würde er schlecht sprechen; würde er in einer Weise hören, daß er statt des Wortes die Luftschwingungen hörte, so würde er schlecht hören; würde jemand ein Buch in einer Weise lesen, daß er ständig jeden einzelnen Buchstaben vor Augen hätte, so würde er schlecht lesen.

Die Sprache ist gerade dann das vollkommenste Medium, wenn alles Sinnliche darin negiert ist. So ist es auch mit der Musik: das, was eigentlich gehört werden soll, macht sich vom Sinnlichen ständig frei. Daß die Musik als Medium nicht so hoch wie die Sprache steht, wurde schon zuvor erwähnt, und daher sagte ich auch, die Musik sei in einem gewissen Sinn eine Sprache.

Die Sprache wendet sich an das Ohr. Dies tut kein anderes Medium. Das Ohr indessen ist jenes Sinnesorgan, das am meisten geistig bestimmt ist. Ich glaube, das werden mir die meisten zugestehen; wünscht jemand eine nähere Auskunft darüber, so verweise ich auf die Vorrede zu »Karikaturen des Heiligsten« von Steffens[11]. Neben der Sprache ist die Musik das einzige Medium, das sich an das Ohr wendet. Dies ist wiederum eine Analogie und ein Zeugnis dafür, in welchem Sinn die Musik eine Sprache ist. Vieles in der Natur wendet sich an das Ohr, hier aber wird das Ohr vom rein Sinnlichen berührt, und daher ist die Natur stumm, und es ist eine lächerliche Einbildung, etwas zu hören, nur weil man eine Kuh brüllen oder, was vielleicht prätentiöser ist, eine Nachtigall schlagen hört; es ist eine Einbildung, daß man etwas hört, eine Einbildung, daß das eine mehr wert ist als das andere, denn all das ist gehüpft wie gesprungen.

Die Sprache hat ihr Element in der Zeit, das

Element aller übrigen Medien ist der Raum. Nur die Musik verläuft gleichfalls in der Zeit. Was aber in der Zeit verläuft, das ist wiederum eine Negation des Sinnlichen. Was die übrigen Künste hervorbringen, besteht im Raum und weist gerade dadurch auf ihre Sinnlichkeit hin. Auch in der Natur gibt es vieles, was in der Zeit verläuft. Wenn ein Bach nun rieselt und rieselt, so scheint darin eine Bestimmung von Zeit zu liegen. Dies ist jedoch nicht der Fall, und wenn man unbedingt die Bestimmung der Zeit darin haben will, so muß man sagen, daß sie zwar vorhanden, jedoch räumlich bestimmt ist. Die Musik existiert ausschließlich im Augenblick ihres Vortrags; denn selbst wenn man noch so gut Noten lesen könnte und eine noch so lebhafte Einbildungskraft hätte, müßte man doch zugeben, daß sie beim Lesen nur im uneigentlichen Sinn existiert. Eigentlich existiert sie nur, indem sie vorgetragen wird. Das könnte, wenn man diese Kunst mit den anderen Künsten vergleicht, deren Werke ihren Bestand im Sinnlichen haben und daher ständig bestehen, als ein Mangel erscheinen. Doch ist es nicht so. Es ist gerade ein Beweis dafür, daß die Musik eine höhere, eine geistigere Kunst ist.

Wenn ich nun eine Bewegung durch die Sprache mache, um mir die Musik gleichsam herauszuhören, so zeigt sich die Sache ungefähr so: Angenommen, die Prosa sei diejenige Sprachform, die der Musik am fernsten liegt, so bemerke ich bereits im oratorischen Vortrag, im volltönenden Gebäude der Perioden einen Anklang des Musikalischen, der auf den verschiedenen Stufen des poetischen Vortrags, im Versbau, im Reim, immer stärker hervortritt, bis sich das Musikalische schließlich so kräftig entwickelt hat, daß die Sprache aufhört und alles Musik wird. Dies ist ja auch ein Lieblingsausdruck der Dichter, wenn sie verdeutlichen wollen, daß sie auf die Idee gleichsam verzichten – sie entschwindet ihnen, alles endet in Musik. Damit könnte nun gesagt sein, daß die Musik ein noch vollkommeneres Medium als die Sprache wäre. Jedoch ist dies eines jener sentimentalen Mißverständnisse, die nur in leeren Köpfen entstehen. Daß es sich um ein Mißverständnis handelt, soll später nachgewiesen werden, an dieser Stelle will ich lediglich auf den merkwürdigen Umstand aufmerksam machen, daß ich bei einer Bewegung in die entgegengesetzte Richtung wiederum auf die Musik stoße: wenn ich nämlich von der begrifflich durchdrungenen Prosa abwärts gehe, bis ich bei Interjektionen lande, die ebenfalls musikalisch sind, wie auch das erste Lallen des Kindes musikalisch ist. Hier kann wohl kaum die Rede davon sein, daß die Musik ein vollkommeneres oder ein reicheres Medium als die Sprache wäre, es sei denn, man nähme an, die Äußerung »uh« sei mehr wert als ein ganzer Gedanke. Folgt daraus nun, daß ich überall dort, wo die Sprache aufhört, dem Musikalischen begegne? Dies ist wohl der vollkommenste Ausdruck dafür, daß die Musik die Sprache überall begrenzt. Gleichzeitig wird man erkennen, wie es mit jenem Mißverständnis zusammenhängt, daß die Musik ein reicheres Medium als die Sprache sein sollte. Wenn nämlich die Sprache aufhört, wo die Musik beginnt, wenn, wie man sagt, alles musikalisch ist, dann geht man nicht vorwärts, sondern rückwärts. Aus diesem Grund, und auch Kenner werden mir vielleicht recht darin geben, habe ich für die sublimierte Musik, die glaubt, das Wort nicht zu brauchen, nie Sympathie empfunden. Sie hält sich nämlich in der Regel für höher als das Wort, obgleich sie niedriger ist. Nun könnte man mir mit folgendem Einwand kommen: falls es wahr ist, daß die Sprache ein reicheres Medium als die Musik darstellt, so ist es unbegreiflich, daß eine ästhetische Darstellung des Musikalischen mit derart großen Schwierigkeiten verbunden ist, unbegreiflich, daß sich hier die Sprache der Musik gegenüber ständig als das ärmere Medium erweist. Indessen ist das weder unbegreiflich noch unerklärlich. Die Musik drückt nämlich stets das Unmittelbare in seiner Unmittelbarkeit aus; daher kommt es auch, daß sich die Musik im Verhältnis zur Sprache als erstes und letztes erweist, und von daher ist auch einzusehen, daß es ein Mißverständnis ist, wenn man die Musik für ein vollkommeneres Medium hält. In der Sprache liegt die Reflexion, und deshalb kann die Sprache das Unmittelbare nicht aussagen. Die Reflexion tötet das Unmittelbare, und deshalb ist es unmöglich, in der Sprache das Musikalische auszusagen, doch diese scheinbare Armut der Sprache ist gerade ihr Reichtum. Das Unmittelbare ist nämlich das Unbestimmbare, und deshalb kann es die Sprache nicht erfassen; daß es aber das Unbestimmbare ist, stellt keine Vollkommenheit, sondern einen Mangel dar. Dies erkennt man indirekt auf vielerlei Weise an. So sagt man, um nur ein Beispiel zu nennen: Ich weiß eigentlich nicht zu erklären, weshalb ich dieses oder jenes so oder so tue, ich tu es nach dem Gehör. Häufig gebraucht man hier für Dinge, die in keinem Verhältnis zum Musikalischen stehen, ein Wort aus der Musik, doch zugleich bezeichnet man damit das Dunkle, Unerklärliche, Unmittelbare.

Wenn nun das Unmittelbare, geistig bestimmt, dasjenige ist, was im Musikalischen eigentlich zum Ausdruck kommt, so kann man wiederum die Frage anschließen, welche Art des Unmittelbaren wesentlich der Gegenstand der Musik ist. Das Unmittelbare, geistig bestimmt, kann entweder so bestimmt sein, daß es in den Bereich des Geistes oder nicht in den Bereich des Geistes fällt. Wenn das Unmittelbare, geistig bestimmt, so bestimmt wird, daß es in den Bereich des Geistes fällt, so kann es seinen Ausdruck zwar im Musikalischen finden, es kann jedoch nicht der absolute Gegenstand der Musik sein; denn durch die Bestimmung, daß es in den Bereich des Geistes fallen soll, ist angedeutet, daß sich die Musik auf fremdem Gebiet befindet, sie ist ein Vorspiel, das ständig aufgehoben wird. Ist das Unmittelbare, geistig bestimmt, dagegen so bestimmt, daß es außerhalb des Geistes ist, dann hat die Musik darin ihren absoluten Gegenstand. Für das erste Unmittelbare ist es unwesentlich, ob es sich in Musik ausdrückt, und wesentlich, daß es Geist wird und sich also in der Sprache ausdrückt; für die zweite Art des Unmittelbaren dagegen ist wesentlich, daß es sich in Musik ausdrückt; es kann allein in Musik ausgedrückt werden und nicht in der Sprache, denn es ist geistig so bestimmt, daß es nicht in den Bereich des Geistes und also nicht in den Bereich der Sprache fällt. Das Unmittelbare aber, das solcherart vom Geist ausgeschlossen wird, ist die sinnliche Unmittelbarkeit. Diese gehört zum Christentum. Sie hat in der Musik ihr absolutes Medium, und dies ist auch der Grund, weshalb die Musik in der antiken Welt nicht eigentlich entwickelt wurde, sondern der christlichen zugehört. Da ist sie das Medium des Unmittelbaren, das, geistig bestimmt, so bestimmt ist, daß es außerhalb des Geistes liegt. Natürlich kann die Musik vieles andere ausdrücken, dies aber ist ihr absoluter Gegenstand. Daß die Musik ein sinnlicheres Medium als die Sprache ist, das ist leicht zu bemerken, denn hier wird viel stärker als in der Sprache Gewicht auf den sinnlichen Klang gelegt.

Sinnliche Genialität ist also der absolute Gegenstand der Musik. Sinnliche Genialität ist absolut lyrisch, und in der Musik kommt sie in all ihrer lyrischen Ungeduld zum Ausbruch; denn sie ist geistig bestimmt und ist daher Kraft, Leben, Bewegung, ständige Unruhe, ständige Sukzession; doch diese Unruhe, diese Sukzession bereichert sie nicht, sie bleibt stets dieselbe, sie entwickelt sich nicht, sondern stürmt ununterbrochen voran, gleichsam in einem Atemzug. Wenn ich dieses Lyrische nun mit einem einzigen Prädikat bezeichnen sollte, so müßte ich sagen: es tönt; und damit bin ich wieder auf die sinnliche Genialität als diejenige zurückgekommen, die sich unmittelbar musikalisch zeigt.

Daß selbst ich zu diesem Punkt noch verschiedenes mehr sagen könnte, weiß ich; daß es für die Kundigen ein leichte Sache sein wird, alles ganz anders ins reine zu bringen, davon bin ich überzeugt. Weil jedoch niemand, soviel ich weiß, einen entsprechenden Versuch unternommen oder Miene dazu gemacht hat, weil man ständig nur immer wiederholt, daß Mozarts Don Juan die Krone der Opern sei, ohne weiter darzulegen, was man denn damit meint – obwohl es alle auf eine Weise sagen, die deutlich zeigt, daß sie ein wenig mehr damit sagen wollten und nicht nur, daß der Don Juan die beste Oper ist, daß es einen qualitativen Unterschied zwischen ihr und allen anderen Opern gibt, der doch wohl nirgends anders zu suchen sein kann als in dem absoluten Verhältnis zwischen Idee, Form, Stoff und Medium – weil, sage ich, dies sich so verhält, habe ich das Schweigen gebrochen. Vielleicht bin ich etwas übereilig gewesen, vielleicht wäre mir meine Darstellung besser gelungen, hätte ich noch einige Zeit gewartet, vielleicht, ich weiß es nicht, aber das weiß ich, daß ich mich nicht übereilt habe wegen der Freude, zu Wort zu kommen, daß ich mich nicht übereilt habe aus Furcht, ein Kundiger könnte mir den Rang ablaufen, sondern weil ich fürchtete, wenn auch ich schweigen würde, so würden die Steine zu reden beginnen - zur Ehre Mozarts, zur Schande eines jeden Menschen, dem zu reden gegeben ist.

Was bisher gesagt wurde, das halte ich im Rahmen dieser kleinen Untersuchung für einigermaßen ausreichend, denn es soll hier wesentlich dazu dienen, den Weg zur Bezeichnung der unmittelbaren erotischen Stadien zu bahnen, wie wir sie bei Mozart kennenlernen. Ehe ich jedoch dazu übergehe, will ich noch eine Tatsache anführen, die den Gedanken von einer anderen Seite her auf das absolute Verhältnis zwischen sinnlicher Genialität und dem Musikalischen lenken kann. Bekanntlich ist die Musik allezeit Gegenstand der mißtrauischen Aufmerksamkeit des religiösen Eifers gewesen. Ob dieser darin recht hat oder nicht, soll uns hier nicht beschäftigen, denn dies hätte lediglich ein religiöses Interesse; dagegen ist es nicht ohne Bedeutung, nach dem Grund dafür zu fragen. Wenn ich den religiösen Eifer in dieser Hinsicht verfolge, so kann ich ganz allgemein über den Verlauf der Bewegung sagen: je strenger die Religiosität, um so mehr verzichtet man auf die Musik, um so stärker betont man das Wort. Die unterschiedlichen Stadien dieser Bewegung sind in der Weltgeschichte repräsentiert. Das letzte Stadium schließt die Musik völlig aus und setzt allein auf das Wort. Ich könnte das hier Gesagte mit einer Vielzahl einzelner Bemerkungen ausschmücken, aber das will ich nicht, sondern will nur ein paar Worte eines Presbyterianers anführen, die in einer Erzählung Achim von Arnims[12] vorkommen: »Wir Presbyterianer halten die Orgel für des Teufels Dudelsack, womit er den Ernst der Betrachtung in Schlummer wiegt, so wie der Tanz die guten Vorsätze betäubt.« Dies mag man für eine Replik *instar omnium*[13] ansehen. Welchen Grund kann man nun haben, um die Musik auszuschließen und damit das Wort zum Alleinherrscher zu machen? Daß das Wort, wenn es mißbraucht wird, die Gemüter ebensogut wie Musik verwirren kann, werden alle erweckten Sekten zugeben. Zwischen Wort und Musik muß also ein qualitativer Unterschied bestehen. Was aber der religiöse Eifer ausgedrückt haben möchte, ist Geist, deshalb verlangt er nach der Sprache, dem eigentlichen Medium des Geistes, und verwirft die Musik, die ein sinnliches und insofern stets unvollkommenes Medium ist, um den Geist auszudrücken. Ob der religiöse Eifer nun recht hat, wenn er die Musik ausschließt, das ist, wie gesagt, eine andere Frage; dagegen kann er das Verhältnis der Musik zur Sprache vollkommen richtig betrachten. Die Musik braucht deshalb nicht ausgeschlossen zu werden, man muß aber sehen, daß sie auf dem Gebiet des Geistes ein unvollkommenes Medium ist und daß sie daher nicht im unmittelbar Geistigen, bestimmt als Geist, ihren absoluten Gegenstand haben kann. Daraus folgt keineswegs, daß man sie für Teufelswerk zu halten braucht, auch wenn unsere Zeit viele schreckliche Beweise jener dämonischen Macht vorweisen sollte, mit der die Musik ein Individuum ergreifen kann – und dieses Individuum wieder fesselt und fängt die Menge, besonders die Frauenzimmer, mit den verführerischen Schlingen der Angst, mit der ganzen aufreizenden Macht der Wollust. Daraus folgt keineswegs, daß man sie für Teufelswerk zu halten braucht, auch wenn man mit einem gewissen heimlichen Grauen bemerkt, daß diese Kunst mehr als irgendeine andere ihre Jünger häufig in einer entsetzlichen Weise aufreibt, ein Phänomen, das der Aufmerksamkeit der Psychologen wie der Menge seltsamerweise entgangen zu sein scheint und nur dann bemerkt wird, wenn sie ein einziges Mal der Angstschrei einer verzweifelten Individualität aufschreckt. Jedoch ist es merkwürdig, daß in den Volkssagen, also im Bewußtsein des Volkes, dessen Ausdruck die Sage ist, das Musikalische wiederum das Dämonische bedeutet. Als Beispiel will ich anführen: Irische Elfenmährchen von Grimm[14], 1826, Seite 25, 28, 29, 30.

Was nun die unmittelbar-erotischen Stadien betrifft, so verdanke ich alles, was ich darüber sagen kann, einzig und allein Mozart, dem ich überhaupt alles verdanke. Da aber jene Zusammenstellung, die ich hier versuchen will, nur indirekt, durch die Kombination eines anderen, auf ihn zurückzuführen ist, so habe ich, bevor ich nun ernsthaft beginne, mich selbst und meine Arbeit geprüft, ob ich auf irgendeine Weise mir oder einem Leser die Freude daran verderben könnte, Mozarts unsterbliche Werke zu bewundern. Wer Mozart in seiner wahren unsterblichen Größe sehen will, der muß seinen Don Juan betrachten; damit verglichen ist alles andere zufällig, unwesentlich. Wenn man den Don Juan jedoch so betrachtet, daß man auch einzelne Dinge aus Mozarts anderen Opern dabei einbezieht, dann wird man, davon bin ich überzeugt, ihn weder verkleinern noch sich selbst und seinem Nächsten schaden. Man wird sich im Gegenteil darüber freuen können, daß die eigentliche Potenz der Musik in Mozarts Musik ausgeschöpft ist.

Wenn ich übrigens im Vorhergehenden den Ausdruck »Stadium« gebrauchte und ihn auch im Folgenden gebrauchen werde, so darf dem kein solches Gewicht beigemessen werden, als ob jedes einzelne Stadium selbständig existierte, das eine vom anderen getrennt. Vielleicht könnte ich treffender den Ausdruck Metamorphose verwenden. Die verschiedenen Phasen zusammen machen das unmittelbare Stadium aus, und daran wird man erkennen, daß die einzelnen Stadien mehr die Offenbarung eines Prädikats sind, in der Art, daß alle Prädikate in den Reichtum des letzten Stadiums hinabstürzen, denn dieses ist das eigentliche Stadium. Die anderen Stadien haben keine selbständige Existenz, für sich selbst existieren sie nur in der Vorstellung, und daraus ist auch ihre Zufälligkeit gegenüber dem letzten Stadium ersichtlich. Da sie aber in Mozarts Musik einen besonderen Ausdruck gefunden haben, werde ich sie gesondert besprechen. Auf keinen Fall darf man jedoch an verschiedene Bewußtseinsstufen denken, denn auch das letzte Stadium ist noch nicht zu Bewußtsein gekommen; ich habe stets nur mit dem Unmittelbaren in seiner vollkommenen Unmittelbarkeit zu tun.

Jene Schwierigkeiten, die immer begegnen, wenn man Musik zum Gegenstand ästhetischer Betrachtung machen will, bleiben natürlich auch hier nicht aus. Im Vorhergehenden lag die Schwierigkeit vor allem darin, daß ich auf dem Weg des Gedankens beweisen wollte, daß sinnliche Genialität der wesentliche Gegenstand der Musik ist – was sich eigentlich nur durch Musik beweisen läßt, wie ich selbst es ja auch durch Musik erkannt habe. Die Schwierigkeit, mit der das Folgende zu kämpfen hat, ist hauptsächlich die: weil jene Musik, die hier besprochen wird, wesentlich den eigentlichen Gegenstand der Musik ausdrückt, ist ihr die Sprache im Ausdruck unterlegen und nimmt sich neben ihr sehr arm aus. Ja, hätte ich mit verschiedenen Bewußtseinsstufen zu tun, dann wäre der Vorteil natürlich auf meiner und der Sprache Seite, aber das ist hier nicht der Fall. Was hier zu entwickeln sein wird, kann seine Bedeutung daher nur für denjenigen haben, der gehört hat und immer wieder hört. Für ihn kann es vielleicht einen einzelnen Hinweis enthalten, der ihn bewegen kann, noch einmal zu hören.

Das erste Stadium ist im Pagen des »Figaro« angedeutet. Natürlich darf man im Pagen hier kein einzelnes Individuum sehen, wie man so leicht versucht ist, wenn man ihn in Vorstellung oder
Wirklichkeit von einer Persönlichkeit dargestellt
sieht. Dann wäre es fast unvermeidlich – wie es
teilweise auch beim Pagen des Stücks der Fall ist –,
daß sich etwas Zufälliges, etwas der Idee Fremdes
einmischt, daß er mehr wird, als er sein soll; denn
er wird im gewissen Sinn augenblicklich mehr,
sowie er ein Individuum wird. Durch dieses Mehr
aber wird er weniger, er hört auf, die Idee zu sein.
Deshalb ist die Replik ihm nicht gestattet – der
einzig adäquate Ausdruck ist die Musik, und es ist
daher bemerkenswert, daß sowohl der Figaro als
auch der Don Juan, so wie sie Mozarts Hand ent-
stammen, zur *Opera seria*[15] gehören. Sieht man den
Pagen dergestalt als eine mythische Figur, so findet
man in der Musik ausgedrückt, was für das erste
Stadium eigentümlich ist.

Das Sinnliche erwacht, doch nicht zu Bewegung, sondern zu stiller Quieszenz[16], nicht zu Lust
und Freude, sondern zu tiefer Melancholie. Die
Begierde ist noch nicht erwacht, sie ist schwermütig geahnt. In ihr ist ständig das Begehrte, es steigt
von ihr auf und zeigt sich in verwirrendem Däm-
mern. Dieser Zustand geht dem Sinnlichen voraus,

in Schatten und Nebeln entfernt es sich und kehrt in ihrer Spiegelung zurück. Die Begierde besitzt, was ihr Gegenstand werden will, doch ohne es begehrt zu haben, und besitzt es also nicht. Dies ist der schmerzliche, jedoch in seiner Süße auch verlockende und bezaubernde Widerspruch, der mit seiner Wehmut, seiner Schwermut das erste Stadium durchklingt. Nicht darin liegt sein Schmerz, daß da zu wenig, sondern eher darin, daß da zu viel ist. Die Begierde ist stille Begierde, die Sehnsucht stille Sehnsucht, die Schwärmerei stille Schwärmerei, darin der Gegenstand dämmert, denn er ist ihr so nah, daß er in ihr ist. Das Begehrte schwebt über der Begierde, sinkt in sie hinab, und doch wird diese Bewegung nicht durch die Anziehungskraft der Begierde oder eines Begehrens ausgelöst. Das Begehrte entschwindet nicht, es löst sich nicht aus der Umarmung der Begierde, denn dann würde sie ja erwachen; sondern es ist für sie da, ohne begehrt zu sein, und die Begierde wird schwermütig, eben weil sie nicht begehren kann. Sobald die Begierde erwacht, oder richtiger, in und mit ihrem Erwachen trennt sie sich von ihrem Gegenstand, nun atmet sie frisch und frei, was sie vorher nicht vor dem Begehrten konnte. Solange die Begierde nicht erwacht ist, gaukelt und lockt das Begehrte, ja, es ängstigt beinah. Die Begierde muß Luft haben, muß zum Ausbruch kommen; dies geschieht, indem beide sich trennen; das Begehrte flüchtet furchtbar-verschämt wie ein Weib, sie werden geschieden, das Begehrte verschwindet *et apparet sublimis*[17] oder zumindest außerhalb der Begierde. Wenn man die Decke eines Zimmers über und über mit Figuren bemalt, eine neben der anderen, dann drückte eine solche Decke nach unten, wie der Maler sagt; malt man dagegen eine einzelne Figur leicht und flüchtig, dann wird die Decke dadurch erhöht. So ist im ersten und in den weiteren Stadien die Beziehung zwischen Begierde und Begehrtem.

Die Begierde also, die in diesem Stadium lediglich in einer Ahnung ihrer selbst vorhanden ist, ist ohne Bewegung, ohne Unruhe, nur sanft gewiegt von einer unerklärlichen inneren Regung; wie das Leben der Pflanze an die Erde gebunden ist, so ist sie in stiller präsentischer Sehnsucht versunken, in Kontemplation vertieft, und kann doch ihren Gegenstand nicht ausschöpfen, vor allem deshalb, weil es in tieferem Sinn keinen Gegenstand gibt; und doch stellt dieses Fehlen des Gegenstands nicht ihren Gegenstand dar, denn sonst wäre sie gleich in Bewegung, dann wäre sie determiniert, und wenn auf keine andere Weise, so in Kummer und Schmerz; in Kummer und Schmerz aber fehlt jener Widerspruch, der für Melancholie und Schwermut eigentümlich ist, jene Zweideutigkeit, die Süße des Melancholischen. Obwohl die Begierde in diesem Stadium nicht als Begierde bestimmt ist, obwohl diese geahnte Begierde in Hinblick auf ihren Gegenstand völlig unbestimmt ist, hat sie doch eine Bestimmung – sie ist unendlich tief. Wie Thor[18] trinkt sie aus einem Horn, dessen Spitze im Weltmeer steht, doch nicht deshalb ist es ihr unmöglich, ihren Gegenstand in sich einzusaugen, weil er unendlich ist, sondern weil diese Unendlichkeit für sie nicht Gegenstand werden kann. Daher bezeichnet ihr Trinken keine Beziehung zum Gegenstand, sondern ist identisch mit ihrem Seufzen, und das ist unendlich tief.

In Harmonie mit der hier gegebenen Beschreibung des ersten Stadiums wird man erkennen, welch große Bedeutung es hat, daß die Partie des Pagen in musikalischer Hinsicht für eine Frauenstimme eingerichtet ist. Durch diesen Widerspruch wird gleichsam das Widersprüchliche des ersten Stadiums angedeutet: die Begierde ist so unbestimmt, der Gegenstand so wenig gesondert, daß das Begehrte androgynisch in der Begierde ruht, so wie im Pflanzenleben Männlich und Weiblich in einer Blüte sitzen. Die Begierde und das Begehrte vereinen sich in jener Einheit, daß beide *neutrius generis*[19] sind.

Obwohl die Replik nicht zum mythischen Pagen, sondern zum Pagen des Stücks, der poetischen Figur Cherubin, gehört und obwohl in diesem Zusammenhang folglich auf sie nicht reflektiert werden kann, da sie etwas ganz anderes ausdrückt, als hier besprochen wird, will ich doch eine einzelne Replik etwas mehr herausheben, denn sie gibt mir Veranlassung, dieses Stadium in seiner Analogie zu einem späteren zu bezeichnen. Susanne verspottet Cherubin, weil er in gewisser Weise auch in Marcellina verliebt ist, und der Page hat keine andere Antwort zur Hand als: Sie ist ein Frauenzimmer. Für den Pagen des Stücks ist es wesentlich, daß er in die Gräfin verliebt ist, und unwesentlich, daß er sich in Marcellina verlieben kann – dies ist lediglich ein indirekter und paradoxer Ausdruck für die Heftigkeit der Leidenschaft, die ihn an die Gräfin fesselt. Für den mythischen Pagen ist es gleich wesentlich, daß er in die Gräfin und in Marcellina verliebt ist, denn sein Gegenstand ist die Weiblichkeit, und die haben beide gemeinsam. Wenn wir daher später von Don Juan hören:

> Mädchen sind's von jedem Stande,
> jeder Gattung und Gestalt,
> schön und häßlich, jung und alt,[20]

so ist dies die vollkommene Analogie dazu, nur sind Intensität und Bestimmtheit der Begierde viel stärker entwickelt.

Wollte ich nun einen Versuch unternehmen, um das Eigentümliche an Mozarts Musik für den Pagen im Figaro mit einem einzigen Prädikat zu bezeichnen, so würde ich sagen: sie ist liebestrunken; doch wie jeder Rausch kann auch ein Liebesrausch auf zweifache Weise wirken, entweder führt er zu erhöhter durchsichtiger Lebensfreude oder aber zu verdichteter unklarer Schwermut. Letzteres ist der Fall bei dieser Musik, und so ist es auch richtig. Den Grund dafür kann die Musik nicht nennen, das übersteigt ihre Macht; die Stimmung selbst kann das Wort nicht ausdrücken, sie ist zu schwer und gewichtig, als daß das Wort sie tragen könnte, nur die Musik kann sie wiedergeben. Der Grund ihrer Melancholie liegt in dem tiefen inneren Widerspruch, den wir im vorhergehenden zu zeigen versucht haben.

Wir verlassen nun das erste Stadium, das durch den mythischen Pagen bezeichnet ist – mag er weiterhin schwermütig davon träumen, was er hat, und melancholisch begehren, was er besitzt. Weiter gelangt er nie, er kommt nie von der Stelle, denn seine Bewegungen sind illusorisch und also keine. Mit dem Pagen des Stücks ist es eine andere Sache; für seine Zukunft würden wir uns mit wahrer und aufrichtiger Freundschaft interessieren, wir gratulieren ihm zum Offizierspatent, wir erlauben ihm, noch einmal Susanna zum Abschied zu küssen, wir werden nicht das Mal auf seiner Stirn verraten, das nur sehen kann, wer es kennt; doch damit genug, mein guter Cherubin, oder wir rufen den Grafen, und dann heißt es: »Fort, hinaus, zum Regiment, er ist doch kein Kind mehr, das weiß niemand besser als ich.«

ZWEITES STADIUM

Dieses Stadium ist durch Papageno in der »Zauberflöte« bezeichnet. Auch hier kommt es natürlich darauf an, daß man das Wesentliche vom Zufälligen unterscheidet, daß man den mythischen Papageno heraufbeschwört und die im Stück wirkliche Person vergißt, und dies hier um so mehr, weil die Person des Stückes in Verbindung mit allerhand bedenklichem Galimathias geraten ist. In dieser Hinsicht könnte es nicht ohne Interesse sein, die gesamte Oper durchzugehen, um zu zeigen, daß ihr Sujet, als Opernsujet betrachtet, im tiefsten Grund verfehlt ist. Zugleich hätte man hier eine Gelegenheit, das Erotische von einer neuen Seite zu beleuchten, denn man würde bemerken, daß jenes Unterfangen, eine tiefere ethische Anschauung hineinzulegen, die sich in allerhand bedeutsameren dialektischen Prüfungen versucht, die Grenzen der Musik gänzlich überschreitet, so daß es selbst einem Mozart unmöglich war, dem eine tieferes Interesse zu verleihen. Die definitive Tendenz dieser Oper ist gerade das Unmusikalische darin, und daher wird sie trotz einzelner vollendeter Konzertnummern, einzelner tief bewegter pathetischer Äußerungen keineswegs eine klassische Oper. Doch all das kann uns in der vorliegenden kleinen Untersuchung nicht beschäftigen. Wir haben hier nur mit Papageno zu tun. Dies ist für uns ein großer Vorteil und wenn aus keinem anderen Grund, dann deshalb, weil wir so auf jeden Versuch verzichten dürfen, die Bedeutung von Papagenos Verhältnis zu Tamino zu erklären, ein Verhältnis, dessen Anlage so tiefsinnig und durchdacht erscheint, daß es vor lauter Tiefsinn fast undenkbar wird.

Eine solche Behandlung der Zauberflöte könnte manch einem Leser willkürlich erscheinen, weil damit in Papageno zu viel und in der gesamten übrigen Oper zu wenig gesehen wird, und er wird sie vielleicht nicht billigen. Das hat seinen Grund darin, daß er unseren Ausgangspunkt für eine jede Betrachtung Mozartscher Musik nicht teilt. Dieser Ausgangspunkt ist nämlich nach unserer Meinung der Don Juan, und gleichzeitig sind wir davon überzeugt, daß man Mozart die größte Pietät erweist, wenn man dabei verschiedenes aus den anderen Opern einbezieht, ohne daß ich es deshalb für bedeutungslos halte, jede einzelne Oper gesondert zu betrachten.

Die Begierde erwacht, und es geht wie immer: erst im Augenblick des Erwachens merkt man, daß man geträumt hat – und der Traum ist vorüber. Diese Erweckung der Begierde, diese Erschütterung trennt sie von ihrem Gegenstand und gibt ihr einen Gegenstand. Dies ist eine dialektische Bestimmung, an der man streng festhalten muß: erst indem der Gegenstand ist, ist die Begierde, erst indem die Begierde ist, ist der Gegenstand, Begierde und Gegenstand sind ein Zwillingspaar, und das eine kommt nicht um den kleinsten Bruchteil eines Augenblicks vor dem anderen zur Welt. Doch obwohl beide also absolut gleichzeitig zur Welt kommen und nicht einmal jenes Spatium von Zeit zwischen sich haben, wie es bei Zwillingen sonst möglich wäre, bedeutet dieses Entstehen nicht, daß sie sich vereinen, sondern im Gegenteil, daß sie sich trennen. Diese Bewegung des Sinnlichen aber, diese Erderschütterung, spaltet die Begierde und ihren Gegenstand für einen Augenblick unendlich weit auseinander; doch so wie sich das bewegende Prinzip für einen Augenblick als trennend erweist, offenbart es sich wiederum, indem es das Getrennte zu vereinen sucht. Die Folge der Trennung ist, daß die Begierde aus ihrem substantiellen In-Sich-Selber-Ruhen gerissen wird und der Gegenstand demzufolge nicht mehr unter die Bestimmung der Substantialität fällt, sondern sich in eine Vielfalt zerstreut.

Wie das Leben der Pflanze an das Erdreich gebunden ist, so ist das erste Stadium in substantieller Sehnsucht gefangen. Die Begierde erwacht, der Gegenstand flieht, vielfältig in seiner Offenbarung, die Sehnsucht reißt sich vom Erdreich los und geht auf Wanderschaft, die Blume bekommt Flügel und flattert unstet und rastlos hin und her. Die Begierde ist auf den Gegenstand gerichtet, gleichzeitig ist sie in sich selbst bewegt, das Herz schlägt gesund und froh, die Gegenstände kommen und gehen in schnellem Wechsel, doch vor jedem Verschwinden ist ein Moment des Genusses, ein Augenblick der Berührung, kurz aber selig, wie ein Glühwürmchen funkelnd, unstet und flüchtig wie die Berührung des Schmetterlings, unschädlich wie sie, unzählige Küsse, doch so schnell genossen, daß es ist, als würde dem einen Gegenstand nur genommen, was dem nächsten gegeben wird. Nur für Momente wird eine tiefere Begierde geahnt, doch diese Ahnung wird vergessen. In Papageno zieht die Begierde auf Entdeckung aus. Diese entdeckende Lust ist das Pulsierende in ihr, ist ihre Munterkeit. Sie findet nicht den eigentlichen Gegenstand dieser Entdeckung, sondern entdeckt das Vielfältige, indem sie im Vielfältigen jenen Gegenstand sucht, den sie entdecken will. Die Begierde ist dergestalt erwacht, ist jedoch nicht als Begierde bestimmt. Erinnert man, daß die Begierde in allen drei Stadien vorhanden ist, so kann man sagen: im ersten Stadium ist sie als *träumend* bestimmt, im zweiten als *suchend*, im dritten als *begehrend*. Die suchende Begierde ist nämlich noch nicht begehrend, sie sucht nur, was sie begehren kann, doch sie begehrt es nicht. Daher wäre vielleicht das beste Prädikat für sie: sie entdeckt. Wenn wir nun Papageno mit Don Juan vergleichen, so ist dessen Reise durch die

Welt ein wenig mehr als eine Entdeckungsreise, er genießt nicht nur das Reiseabenteuer der Entdeckung, sondern ist ein Ritter, der auszieht, um zu siegen *(veni – vidi – vici)*[21]. Entdeckung und Sieg sind hier identisch; ja, in einem gewissen Sinn kann man sagen, daß Don Juan über den Sieg die Entdeckung vergißt oder daß die Entdeckung hinter ihm liegt, und deshalb überläßt er sie seinem Diener und Sekretär Leporello, der in einem ganz anderen Sinn Register führt, als wohl Papageno buchhalten würde. Papageno schaut aus, Don Juan genießt, Leporello schaut nach.

Die Eigentümlichkeit dieses Stadiums wie aller anderen kann ich zwar im Gedanken darstellen, immer jedoch erst in dem Augenblick, da es aufgehört hat zu sein. Und wenn ich seine Eigentümlichkeit noch so vollständig beschreiben und den Grund für sie erklären könnte – es bliebe stets ein Etwas zurück, das ich nicht aussagen kann und das doch gehört werden will. Es ist zu unmittelbar, um sich in Worten festhalten zu lassen. So ist es hier mit Papageno, es ist dasselbe Lied, dieselbe Melodie; wenn er fertig ist, beginnt er munter von vorn – und so immer weiter. Nun könnte man mir mit dem Einwand kommen, daß es überhaupt unmöglich sei, etwas Unmittelbares auszusagen. In gewissem Sinn ist das ganz richtig, doch zum ersten hat die Unmittelbarkeit des Geistes ihren unmittelbaren Ausdruck in der Sprache, und zum zweiten bleibt sie wesentlich dasselbe, auch wenn durch Hinzutreten des Gedankens eine Veränderung erfolgt, eben weil sie die Bestimmung des Geistes ist. Hier dagegen handelt es sich um eine Unmittelbarkeit der Sinnlichkeit, die als solche ein völlig anderes Medium hat, wo also das Mißverhältnis zwischen den Medien die Unmöglichkeit absolut macht.

Wollte ich nun einen Versuch unternehmen, um das Eigentümliche an Mozarts Musik in dem uns interessierenden Teil dieses Stücks mit einem einzigen Prädikat zu bezeichnen, so würde ich sagen: sie ist munter, zwitschernd, lebenslustig, sprudelnd vor Liebe. In diesem Zusammenhang muß ich besonders auf die erste Arie und das Glockenspiel Gewicht legen, das Duett mit Pamina und später mit Papagena fällt völlig aus der Bestimmung des Unmittelbar-Musikalischen heraus. Betrachtet man dagegen die erste Arie, so wird man die von mir gebrauchten Prädikate wohl billigen, und wenn man sie etwas genauer ansieht, dann wird man zugleich eine Gelegenheit finden, die Bedeutung des Musikalischen dort zu erkennen, wo es sich als der absolute Ausdruck der Idee erweist und diese also unmittelbar-musikalisch ist. Wie bekannt, begleitet Papageno seine lebensfrohe Munterkeit auf einer Rohrflöte. Von diesem Akkompagnement hat sich wohl jedes Ohr auf besondere Weise bewegt gefühlt. Je mehr man aber darüber nachdenkt, je mehr man in Papageno den mythischen Papageno sieht, um so ausdrucksvoller und bezeichnender kommt es einem vor; man wird nicht müde, es wieder und wieder zu hören, denn es ist ein absolut adäquater Ausdruck für den ganzen Papageno, dessen gesamtes Leben ein solches unaufhörliches Gezwitscher ist, der ununterbrochen fortzwitschert in aller Müßigkeit und der froh ist und vergnügt, weil dies sein Lebensinhalt ist – froh in seinem Tun und froh in seinem Lied. Bekanntlich ist es nun in der Oper sehr tiefsinnig eingerichtet, daß Taminos und Papagenos Flöten miteinander korrespondieren. Und doch – welch ein Unterschied! Taminos Flöte, nach der das Stück ja benannt ist, verfehlt ihre Wirkung vollkommen, und warum? – weil Tamino überhaupt keine musikalische Figur ist. Dies liegt an der verfehlten Anlage der ganzen Oper. Tamino wird höchst langweilig und sentimental auf seiner Flöte, und wenn man seine gesamte übrige Entwicklung, den Zustand seines Bewußtseins reflektiert, so muß man jedesmal, wenn er seine Flöte hervorholt und ein Stück darauf bläst, an den Bauern bei Horaz denken *(rusticus exspectat, dum defluat amnis)*[22], nur hat Horaz seinem Bauern keine Flöte zum unnützen Zeitvertreib gegeben. Als dramatische Figur ist Tamino völlig jenseits des Musikalischen, wie jene Geistesentwicklung, welche das Stück erreichen will, eine völlig unmusikalische

Idee ist. Tamino ist an eben den Punkt gelangt, wo das Musikalische aufhört, daher dient sein Flöten-spiel lediglich der Zeitverschwendung, um Ge-danken zu vertreiben. Dies kann die Musik näm-lich vorzüglich, sie kann sogar böse Gedanken vertreiben, so wie man David nachsagt, daß er mit seinem Spiel Sauls schlechte Laune vertrieb. Indes-sen liegt darin eine große Enttäuschung; denn sie tut es nur insofern, als sie das Bewußtsein in die Unmittelbarkeit zurückführt und in ihr einlullt. Das Individuum kann sich deshalb im Augenblick des Rauschs zwar glücklich fühlen, danach aber wird es nur um so unglücklicher. Ganz *in parenthesi* will ich mir hier eine Bemerkung erlauben. Man hat Musik zur Heilung von Geisteskranken ge-braucht, diese Absicht wurde im gewissen Sinn auch erreicht, und doch ist das eine Illusion. Wenn nämlich der Wahnsinn eine mentale Ursache hat, so liegt diese stets in einer Verhärtung an irgend-einem Punkt des Bewußtseins. Diese Verhärtung muß überwunden werden, um sie aber tatsächlich zu überwinden, muß man einen Weg gehen, der zur Musik völlig entgegengesetzt ist. Wenn man nun die Musik anwendet, so geht man den völlig verkehrten Weg und macht den Patienten noch mehr wahnsinnig, auch wenn er es scheinbar nicht mehr ist.

Was ich über Taminos Flötenspiel gesagt habe, kann ich wohl stehen lassen, ohne ein Mißver-

---

68

ständnis zu befürchten. Keineswegs will ich bestreiten, was ja auch mehrfach zugegeben wurde, daß die Musik als Akkompagnement ihre Bedeutung haben kann, indem sie sich damit auf ein fremdes Gebiet begibt, das der Sprache nämlich; indessen ist der Fehler der Zauberflöte der, daß das ganze Stück zum Bewußtsein tendiert und seine eigentliche Tendenz also darin besteht, die Musik aufzuheben – und doch soll es eine Oper sein, und nicht einmal dieser Gedanke wird klar im Stück. Als Ziel der Entwicklung ist die ethisch bestimmte Liebe oder die eheliche Liebe gesetzt, und darin liegt der Grundfehler des Stücks; denn mag diese ansonsten, geistlich oder weltlich gesprochen, sein, was sie sein will, eins ist sie nicht – sie ist nicht musikalisch, ja, sie ist absolut unmusikalisch.

Die erste Arie hat also in musikalischer Hinsicht ihre große Bedeutung als unmittelbar-musikalischer Ausdruck für Papagenos Leben und Historie insgesamt, wobei seine Historie, in gleicher Weise wie Musik ihr absolut adäquater Ausdruck ist, nur in uneigentlichem Sinn Historie darstellt. Das Glokkenspiel dagegen ist der musikalische Ausdruck seiner Wirksamkeit, und auch sie läßt sich nur durch Musik vorstellen – sie ist bezaubernd, verführerisch, verlockend wie das Spiel jenes Manns[23], der die Fische stillhalten und zuhören ließ.

Im allgemeinen sind die Repliken, die entweder von Schikaneder oder dem dänischen Übersetzer stammen, so idiotisch und dumm, daß es nahezu unbegreiflich ist, wie Mozart daraus hervorbrachte, was er hervorgebracht hat. Daß man Papageno von sich selber sagen läßt: »Ich bin so ein Naturmensch«, und ihn im gleichen Moment zum Lügner werden läßt, mag als ein Beispiel *instar omnium* gelten. Eine Ausnahme könnte man mit jener Stelle im Text der ersten Arie machen, wo gesagt wird, daß er die Mädchen, die er fängt, bei sich einsperrt. Wenn man nämlich ein wenig mehr in sie hineinlegt, als vermutlich in der Absicht des Verfassers stand, so bezeichnen sie gerade das Harmlose an Papagenos Betätigung, in der Art, wie wir es oben angedeutet haben.

Wir verlassen nun den mythischen Papageno. Das Schicksal des wirklichen Papageno kann uns nicht beschäftigen, wir wünschen ihm Glück zu seiner Papagena und erlauben ihm gern, seine Freude darin zu suchen, einen Urwald oder einen ganzen Erdteil mit lauter kleinen Papagenos zu bevölkern.

DRITTES STADIUM

Dieses Stadium ist auch durch Don Juan bezeichnet. Hier brauche ich nicht wie im vorhergehenden einen einzelnen Teil der Oper auszusondern, hier kommt es nicht darauf an, zu trennen, sondern zusammenzufassen, denn die ganze Oper ist wesentlich ein Ausdruck der Idee, und mit Ausnahme einiger einzelner Nummern ruht sie wesentlich in ihr, gravitiert mit dramatischer Notwendigkeit zur Idee als ihrem Zentrum. Wenn ich das dritte Stadium »Don Juan« benenne, so kann man daran abermals erkennen, in welcher Bedeutung ich die vorherigen Stadien als Stadien bezeichnen kann. Ich habe schon früher daran erinnert, daß sie keine besondere Existenz besitzen, und wenn man von diesem dritten Stadium ausgeht, das eigentlich das ganze Stadium ist, so sind sie weniger als einseitige Abstraktionen oder vorläufige Antizipationen, sondern eher als Ahnungen Don Juans zu betrachten – nur bleibt dabei ständig zu bedenken, was mich auch einigermaßen dazu berechtigt, den Ausdruck Stadium zu gebrauchen, daß sie einseitige Ahnungen sind, daß jede von ihnen nur eine Seite ahnt.

Der Widerspruch des ersten Stadiums lag darin, daß die Begierde keinen Gegenstand bekommen konnte, sondern im Besitz ihres Gegenstands war, ohne begehrt zu haben, und daher nicht imstande war zu begehren. Im zweiten Stadium zeigt sich der Gegenstand in seiner Vielfalt, und indem die Begierde ihren Gegenstand in dieser Vielfalt sucht, hat sie in tieferem Sinn doch keinen Gegenstand, sie ist noch nicht als Begierde bestimmt. In Don Juan dagegen ist die Begierde absolut als Begierde bestimmt, sie ist im intensiven wie extensiven Sinn die unmittelbarste Einheit der beiden vorhergehenden Stadien. Das erste Stadium begehrte ideal das Eine, das zweite begehrte das Einzelne unter der Bestimmung des Vielfältigen, das dritte Stadium ist die Einheit von beidem. Die Begierde hat ihren absoluten Gegenstand im Einzelnen, sie begehrt das Einzelne absolut. Darin liegt das Verführerische, von dem wir im weiteren sprechen werden. In diesem Stadium ist die Begierde daher absolut gesund, siegreich, triumphierend, unwiderstehlich und dämonisch. Natürlich ist dabei zu beachten, daß hier nicht von der Begierde des einzelnen Individuums die Rede ist, sondern von der Begierde als Prinzip, geistig bestimmt als das, was der Geist ausschließt. Dies ist die Idee der sinnlichen Genialität, wie wir sie oben angedeutet haben. Der Ausdruck für diese Idee ist Don Juan, und der Ausdruck für Don Juan ist wiederum einzig und allein die Musik. Diese beiden Ansichten vor allem sollen aus ständig wechselnden Gesichtswinkeln im Folgenden hervorgehoben werden, wodurch gleichzeitig indirekt die klassische Bedeutung dieser Oper bewiesen wird. Um dem Leser indessen die Übersicht zu erleichtern, will ich versuchen, die verstreuten Bemerkungen unter einzelne Punkte zu sammeln.

Es ist nicht meine Absicht, etwas einzelnes über diese Musik zu sagen, und mit dem Beistand aller guten Geister werde ich mich besonders davor hüten, eine Menge nichtssagender, aber laut lärmender Prädikate zusammenzuscheuchen oder in linguistischer Brunst die Impotenz der Sprache zu verraten, und dies um so mehr, als ich es nicht für eine Unvollkommenheit, sondern für eine hohe Potenz der Sprache halte, deshalb aber um so mehr gewillt bin, die Musik innerhalb ihrer Grenzen anzuerkennen. Dagegen habe ich vor, die Idee und damit ihr Verhältnis zur Sprache von möglichst vielen Seiten zu beleuchten und auf diese Weise das Territorium, auf dem die Musik zu Hause ist, immer enger zu umspannen, sie gleichsam so weit zu ängstigen, bis sie hervorbricht, ohne daß ich doch mehr über sie sagen könnte, wenn sie sich hören läßt, als: hört. Damit glaube ich, das Höchste beabsichtigt zu haben, wozu die Ästhetik in der Lage ist; ob es mir gelingen wird, ist eine andere Sache. Nur an einer einzigen Stelle wird ein Prädikat wie ein Steckbrief ihr Signalement angeben, ohne daß ich deshalb vergesse oder den Leser vergessen lasse, daß ein Steckbrief in der Hand noch keineswegs bedeutet, daß man den darauf Gesuchten auch gefaßt hat. An entsprechender Stelle wird auch die gesamte Anlage der Oper, ihr innerer Bau zum Gegenstand besonderer Erwähnung werden, doch werde ich mich auch hier nicht darauf einlassen, laut für zwei zu rufen: »Oh! bravo schwere Not, Gotts Blitz, bravissimo«[24], sondern nur ständig das Musikalische hervorlocken, und damit glaube ich das Höchste beabsichtigt zu haben, was man in rein ästhetischem Sinn mit dem Musikalischen zu tun vermag. Keineswegs will ich also zur Musik einen fortlaufenden Kommentar geben, der doch kaum etwas anderes als subjektive Zufälligkeiten und Idiosynkrasien enthalten und sich nur an etwas Entsprechendes beim Leser wenden kann. Selbst ein an Geschmack und Reflexion so reicher, in seinem Ausdruck so vielseitiger Kommentator wie Dr. Hotho[25] hat zwei Gefahren nicht vermeiden können: daß seine Interpretation in Wortklingelei ausartet, die Mozarts Klangfülle ersetzen soll und doch wie ein matter Nachhall, ein blasser Abklatsch seiner volltönenden üppigen Fruchtbarkeit klingt, und daß Don Juan bald mehr als in der Oper – ein reflektierendes Individuum nämlich –, bald weniger wird. Letzteres hat seine Ursache natürlich darin, daß Hotho der tiefe, absolute Punkt im Don Juan entgangen ist, für ihn ist der Don Juan doch nur die beste Oper, sie unterscheidet sich nicht qualitativ von allen anderen Opern. Wenn man dies aber nicht mit der allgegenwärtigen Sicherheit des spekulativen Auges eingesehen hat, dann kann man weder mit Würde noch mit Recht über den Don Juan reden, während es mit einer solchen Einsicht möglich ist, darüber weit herrlicher und reicher und vor allem wahrer zu reden als jener, der hier das Wort zu führen wagt. – Dagegen will ich beständig das Musikalische aus der Idee, aus der Situation usw. aufspüren, will es heraushören, und wenn ich erreicht habe, daß der Leser in einer Weise musikalisch rezeptiv geworden ist, daß er die Musik zu hören glaubt, obgleich er nichts hört, dann habe ich meine Aufgabe erfüllt, dann verstumme ich, dann sage ich zum Leser wie zu mir selbst: hört. Ihr freundlichen Genien, die ihr alle unschuldige Liebe beschützt, euch befehle ich meinen ganzen Sinn, wacht über die arbeitenden Gedanken, daß sie sich dem Gegenstand würdig zeigen, formt meine Seele zu einem wohlklingenden Instrument, laßt den sanften Windhauch der Beredtsamkeit über sie hineilen, sendet Erfrischung und Segen fruchtbarer Stimmungen! Ihr gerechten Geister, die ihr Wache haltet an den Grenzscheiden im Reich der Schönheit, wacht über mich, damit ich nicht in verwirrter Begeisterung und blindem Eifer, um ihn zu allem zu machen, Don Juan Unrecht tu, ihn verkleinere, ihn zu etwas anderem mache, als er wirklich ist – und das ist das Höchste! Ihr starken Geister, die ihr wißt, des Menschen Herz zu ergreifen, steht mir bei, damit es mir gelingen möge, den Leser zu fesseln, nicht mit dem Garn der Leidenschaft oder den Ränken der Beredtsamkeit, sondern mit der ewigen Wahrheit der Überzeugung.

1. Sinnliche Genialität, bestimmt als Verführung

Wann die Idee des Don Juan entstanden ist, weiß man nicht, nur so viel ist gewiß, daß sie zum Christentum gehört und durch das Christentum wiederum zum Mittelalter. Auch wenn man die Idee nicht mit annähernder Sicherheit zu diesem welthistorischen Abschnitt des menschlichen Bewußtseins zurückverfolgen könnte, so würde eine Betrachtung ihrer inneren Beschaffenheit sogleich jeden Zweifel tilgen. Das Mittelalter verkörpert allgemein die Idee der Repräsentation, teils bewußt, teils unbewußt; das Totale wird in einem einzelnen Individuum repräsentiert, jedoch so, daß nur eine einzelne Seite als Totalität bestimmt ist und nun in einem einzelnen Individuum sichtbar wird, welches daher sowohl mehr als auch weniger als ein Individuum ist. Neben diesem Individuum steht ein zweites, das ebenso total eine zweite Seite des Lebensinhalts repräsentiert, so der Ritter und der Scholastiker, der Geistliche und der Arzt. Die großartige Dialektik des Lebens wird hier ständig in repräsentierenden Individuen veranschaulicht, die sich sehr häufig paarweise gegenüberstehen, das Leben ist ständig nur *sub una specie*[26] vorhanden, und die große dialektische Einheit, die in Einheit das Leben *sub utraque specie*[27] besitzt, wird nicht geahnt. Die Gegensätze stehen daher zumeist indifferent für sich. Davon weiß das Mittelalter nichts. So realisiert es die Idee der Repräsentation selbst unbewußt, und erst eine spätere Betrachtung sieht darin die Idee. Setzt das Mittelalter in seinem eigenen Bewußtsein ein Individuum als Repräsentanten der Idee, so setzt es daneben oft ein zweites Individuum dazu ins Verhältnis, dieses Verhältnis ist dann im allgemeinen komisch, und das eine Individuum muß gleichsam für die unverhältnismäßige Größe büßen, die das andere im Vergleich zum wirklichen Leben besitzt. So hat der König neben sich den Narren, Faust – Wagner, Don Quijote – Sancho Pansa, Don Juan – Leporello. Auch diese Formation gehört wesentlich dem Mittelalter zu. Die Idee gehört also zum Mittelalter, im Mittelalter gehört sie wiederum keinem einzelnen Dichter an, sie ist eine jener urkräftigen Ideen, die mit autochthoner Ursprünglichkeit aus der Bewußtseinswelt des Volkslebens hervorbrechen. Das Mittelalter mußte den Streit zwischen Fleisch und Geist, den das Christentum in die Welt gebracht hat, zum Gegenstand seiner Betrachtung machen und zu diesem Zweck jede der streitenden Kräfte für sich zum Anschauungsgegenstand erheben. Don Juan ist nun, wenn ich so sagen darf, die Inkarnation des Fleisches oder die Inspiration des Fleisches durch seinen eigenen Geist. Dies wurde im vorherigen bereits ausreichend behandelt; hier will ich dagegen auf die Frage aufmerksam machen, ob man Don Juan auf das frühere oder spätere Mittelalter zurückführen sollte. Daß er zum Mittelalter in einem wesentlichen Verhältnis steht, wird wohl jeder leicht erkennen. Entweder ist er nun die entzweite, mißverstandene Antizipation des Erotischen, wie sie im Ritter zutage kam, oder das Ritterwesen steht noch in einem nur relativen Gegensatz zum Geist, und erst wenn sich der Gegensatz noch weiter vertieft, erst da kommt Don Juan zum Vorschein, als das Sinnliche, das sich dem Geist auf Leben und Tod entgegenstellt. Die Erotik der Ritterzeit hat eine gewisse Ähnlichkeit mit der Erotik der Gräzität, sie ist nämlich ebenso wie jene seelisch bestimmt, doch ist der Unterschied der, daß diese seelische Bestimmtheit innerhalb einer allgemeinen geistigen Bestimmtheit oder einer Bestimmtheit als Totalität liegt. Die Idee der Weiblichkeit ist ständig auf vielerlei Weise in Bewegung, anders als in der Gräzität, da jeder nur schöne Individualität war, die Weiblichkeit jedoch nicht geahnt wurde. Auch im Bewußtsein des Mittelalters stand die Erotik des Ritters daher in einem annähernd versöhnlichen Verhältnis zum Geist, obgleich dieser ihr in seiner eifersüchtigen Strenge mißtraute. Geht man nun davon aus, daß das Prinzip des Geistes in die Welt gesetzt wurde, so läßt sich entweder vorstellen, daß anfangs der grellste Gegensatz, die himmelschreiendste Trennung entstand und sich dann allmählich milderte. In einem solchen Fall gehört Don

Juan zum früheren Mittelalter. Nimmt man dagegen an, wie es auch natürlicher ist, daß sich das Verhältnis sukzessiv zu diesem absoluten Gegensatz entwickelte – der Geist entzieht der vereinigten Firma mehr und mehr seine Aktien, um allein zu wirken, wodurch das eigentliche Skandalon entsteht –, so gehört Don Juan zum späteren Mittelalter. Dann gelangen wir zu jenem Zeitpunkt, da sich das Mittelalter gerade davonmacht und wir auch einer verwandten Idee, nämlich dem Faust, begegnen, nur ist der Don Juan ein wenig früher anzusetzen. Indem der Geist, einzig und allein bestimmt als Geist, dieser Welt entsagt, da er fühlt, daß diese ihm nicht nur kein Heim, sondern nicht einmal Schauplatz ist, und sich hinauf in höhere Regionen begibt, läßt er das Weltliche als Tummelplatz für jene Macht zurück, mit der er stets im Streit gelebt hat und der er nun das Feld räumt. Wenn sich der Geist dann von der Erde löst, zeigt sich die Sinnlichkeit mit ihrer ganzen Macht, sie hat gegen den Wechsel nichts einzuwenden, sie erkennt auch das Vorteilhafte dieser Separation und freut sich, daß die Kirche sie nicht zusammenhalten kann, sondern das Band zerschneidet, das sie verknüpfte. Stärker als je zuvor erwacht nun die Sinnlichkeit in ihrem ganzen Reichtum, in all ihrer Freude und all ihrem Jubel, und wie der Einsiedler der Natur, das eingeschlossene Echo, das nie zuerst das Wort ergreift und niemals spricht, ohne gefragt zu werden –, wie das Echo so sehr Gefallen am Jagdhorn des Ritters und seinen Liebesmelodien, am Hundegebell, am Schnauben der Pferde fand, daß es nie müde wurde, es nochmals und nochmals und schließlich gleichsam ganz leis für sich selbst zu wiederholen, um es nicht zu vergessen –, so wurde die ganze Welt, während der Geist sie verlassen hatte, ein von allen Seiten widerklingendes Gehäuse für den weltlichen Geist der Sinnlichkeit. Das Mittelalter weiß viel von einem Berg zu berichten, der auf keiner Karte zu finden ist, er heißt der Venusberg. Dort ist die Sinnlichkeit zu Hause, dort hat sie ihre wilden Freuden, denn sie ist ein Reich, ein Staat. In diesem Reich wohnt nicht die Sprache, nicht die Besonnenheit des Gedankens, nicht das mühsame Gewerbe der Reflexion – hier tönt nur die elementarische Stimme der Leidenschaft, das Spiel der Lüste, der wilde Lärm der Berauschung, hier wird nur genossen in ewigem Getümmel. Der Erstgeborene in diesem Reich ist Don Juan. Daß es das Reich der Sünde ist, ist damit noch nicht gesagt, denn es muß in jenem Augenblick festgehalten werden, da es in ästhetischer Indifferenz erscheint. Erst wenn die Reflexion hinzutritt, erscheint es als das Reich der Sünde, da aber ist Don Juan getötet, da verstummt die Musik, da sieht man nichts als den verzweifelten Trotz, der ohnmächtig dagegenstimmt und doch keine Konsistenz finden kann, auch nicht in Tönen. Indem sich die Sinnlichkeit als das erweist, was auszuschließen ist, als das, womit der Geist nichts zu tun haben will, ohne daß dieser sein Urteil darüber schon abgegeben oder gefällt hätte, nimmt das Sinnliche eine solche Gestalt an, ist das Dämonische in ästhetischer Indifferenz. Das ist nur Sache eines Augenblicks, bald ist alles verändert, dann ist auch die Musik zu Ende. Faust und Don Juan sind die Titanen und Giganten des Mittelalters, die sich in der Großartigkeit ihrer Bestrebungen nicht von denen des Altertums unterscheiden, wohl aber darin, daß sie isoliert stehen und nicht eine Vereinigung von Kräften bilden, die erst durch den Zusammenschluß himmelstürmend werden, sondern alle Kraft ist in diesem einen Individuum gesammelt.

Don Juan ist also der Ausdruck des Dämonischen, bestimmt als das Sinnliche, Faust ist der Ausdruck des Dämonischen, bestimmt als das Geistige, welches der christliche Geist ausschließt. Beide Ideen stehen in einem wesentlichen Verhältnis zueinander und sind sich sehr ähnlich, und man könnte also auch darin Übereinstimmung erwarten, daß sie beide in einer Sage aufbewahrt wären. Dies ist bei Faust bekanntlich der Fall. Es existiert ein Volksbuch, dessen Titel hinlänglich bekannt ist, obwohl das Buch selbst weniger benutzt wird, was vor allem in unserer Zeit seltsam ist, da man sich mit der Idee des Faust so eifrig tut. Da passiert es, daß sich jeder angehende Privatdozent oder Professor dadurch als Mann von geistiger Reife am Hof des lesenden Publikums zu akkreditieren glaubt, daß er ein Buch über den Faust herausgibt, in dem er getreulich wiederholt, was alle anderen Lizentiaten und wissenschaftlichen Konfirmanden schon gesagt haben, und dabei meint, ein so kleines unbedeutendes Volksbuch übersehen zu dürfen. Niemals kommt er auf den Gedanken, wie schön es ist, daß das wahrhaft Große alle miteinander gemein haben, daß zur gleichen Zeit, da Goethe einen Faust dichtet, ein Bauernknecht zu Triblers Witwe[28] oder zu einer Liederfrau auf dem Strohmarkt geht und ihn halblaut vor sich hin liest. Und fürwahr, dieses Volksbuch verdient Beachtung, es hat vor allem, was man bei Wein als ehrenwerte Eigenschaft anpreist – es hat Bouquet, es ist eine vortreffliche Abfüllung des Mittelalters, und wenn man es öffnet, strömt einem ein so würziger, lebendiger und eigentümlicher Duft entgegen, daß einem ganz sonderbar zumute wird. Doch genug davon, ich wollte lediglich darauf aufmerksam machen, daß es von Don Juan eine solche Sage nicht gibt. Kein Volksbuch, kein Lied, ständig neuaufgelegt, hat sie in der Erinnerung bewahrt. Vermutlich hat trotzdem eine Sage existiert, doch hat sich diese nach aller Wahrscheinlichkeit auf einen ganz spärlichen

Hinweis beschränkt, der vielleicht noch kürzer gewesen ist als die wenigen Strophen, die Bürgers
Lenore zugrunde liegen. Vielleicht war es nur eine
Zahlenangabe, denn ich sollte mich sehr irren,
wenn die vorliegende Zahl 1003 nicht einer Sage
zugehört. Eine Sage, die nichts anderes enthält,
nimmt sich ein wenig ärmlich aus, und insofern
läßt es sich leicht erklären, daß sie nicht schriftlich
festgehalten wurde, und doch hat diese Zahl eine
vortreffliche Eigenschaft, eine lyrische Dumm-
dreistigkeit, die viele, da sie ihren Anblick ge-
wöhnt sind, vielleicht nicht bemerken. Obwohl
diese Idee also nicht in einer Volkssage Ausdruck
gefunden hat, wurde sie doch auf eine andere Art
aufbewahrt. Bekanntlich hat es nämlich den Don
Juan vor langer Zeit als Jahrmarktsstück gegeben,
ja, dies ist wohl eigentlich seine erste Existenz.
Doch hier wurde die Idee komisch aufgefaßt, und
es ist überhaupt bemerkenswert, daß das Mittelalter, so gut es sich darauf verstand, Ideale auszurü-
sten, ebenso sicher auch das Komische sah, das in
der übernatürlichen Größe des Ideals lag. Don
Juan als Prahlhans, der sich einbildet, alle Mädchen verführt zu haben, und Leporello, der seine
Lügen glaubt – das war als komische Anlage keineswegs so ganz unglücklich. Und selbst wenn es
nicht so und anders aufgefaßt wurde, konnte die
komische Wendung doch niemals ausbleiben,
denn sie liegt im Widerspruch zwischen dem Hel-

den und jenem Theater, auf dem er sich bewegt. So kann das Mittelalter auch von Helden berichten, die derart kräftig gebaut waren, daß ihre Augen eine halbe Elle weit auseinander standen; wollte aber ein gewöhnlicher Mensch auf die Bühne treten und so tun, als stünden seine Augen eine halbe Elle weit auseinander, dann wäre das Komische in vollem Gang.

Was hier in Hinblick auf die Sage vom Don Juan gesagt wurde, hat hier nur deshalb seinen Platz gefunden, weil es in einer engeren Beziehung zum Gegenstand dieser Untersuchung steht und dazu dient, den Gedanken zum einmal bestimmten Ziel zu führen. Der Grund, weshalb diese Idee im Vergleich zum Faust eine so ärmliche Vergangenheit besitzt, ist wahrscheinlich der, daß so lange etwas Rätselhaftes in ihr lag, wie man nicht verstand, daß Musik ihr eigentliches Medium war. Faust ist Idee, doch eine Idee, die zugleich wesentlich Individuum ist. Die Vorstellung, daß das Geistig-Dämonische in einem Individuum konzentriert ist, liegt im Gefolge des Denkens, dagegen ist das Sinnliche in einem Individuum nicht vorstellbar. Don Juan befindet sich in einem ständigen Schweben: ist er Idee, das heißt Kraft, Leben – oder Individuum. Dieses Schweben aber ist das musikalische Zittern. Wenn sich das Meer aufgerührt bewegt, formen die schäumenden Wellen in dieser Unruhe Bilder, die Wesen gleichen; es ist, als setzten diese Wesen die Wellen in Bewegung, und doch ist es umgekehrt: sie werden vom Wellengang gebildet. So ist Don Juan ein Bild, das ständig erscheint und doch nicht Gestalt und Konsistenz gewinnt, ein Individuum, das ständig gebildet wird, ohne doch fertig zu werden, von dessen Geschichte man nichts anderes vernimmt, als lauschte man dem Lärm der Wellen. Wenn Don Juan auf diese Weise festgehalten wird, ergibt sich Sinn und tiefe Bedeutung in allem. Wenn ich mir Don Juan als einzelnes Individuum vorstelle, wenn ich ihn sehe oder sprechen höre, dann wird es komisch, daß er 1003 verführt hat; denn sobald er ein einzelnes Individuum ist, liegt der Akzent ganz anders, dann wird hervorgehoben, wen er verführt hat und wie. So etwas auszusprechen, ohne das Komische zu ahnen, mag der Naivität der Sage oder des Volksglaubens gelingen – der Reflexion ist es unmöglich. Wird Don Juan dagegen musikalisch aufgefaßt, so habe ich nicht das einzelne Individuum, sondern die Naturgewalt, das Dämonische, das so wenig müde wird zu verführen und so wenig fertig – wie der Wind mit seinem Stürmen, das Meer mit seinem Wiegen oder ein Wasserfall mit seinem Sturz aus der Höhe. Insofern kann die Zahl der Verführten ebensogut eine beliebig andere, eine viel größere sein. Oft ist es keine leichte Arbeit, den Text einer Oper genau zu übersetzen, daß die Übersetzung nicht nur sangbar wird, sondern auch im Sinn annähernd mit dem Text und also mit der Musik harmoniert. Als Beispiel dafür, daß es manchmal gar nicht darauf ankommt, will ich die Zahlengröße im Register des Don Juan anführen, ohne deshalb die Sache so leichtfertig zu nehmen, wie es die Leute wohl im allgemeinen tun, indem sie glauben, dergleichen sei nicht wichtig. Ich dagegen nehme die Sache im hohen Grad ästhetisch ernst, und daher meine ich, daß es gleichgültig ist. Nur eine Eigenschaft der Zahl 1003 will ich anpreisen: sie ist ungerade und zufällig – dies ist durchaus nicht unwichtig, denn es erweckt den Eindruck, daß dieses Register keineswegs abgeschlossen und Don Juan im Gegenteil voll dabei ist; fast muß man Leporello bedauern, weil er, wie er selbst sagt, nicht nur vor der Tür Wache stehen, sondern dabei noch eine so weitläufige Buchhaltung führen muß, daß ein routinierter Expeditionssekretär genug daran zu tun haben könnte.

So wie die Sinnlichkeit im Don Juan aufgefaßt ist – als Prinzip –, wurde sie nie zuvor in der Welt aufgefaßt; daher wird das Erotische hier auch durch ein anderes Prädikat bestimmt, die Erotik ist hier *Verführung*. Der Grazität fehlt die Idee eines Verführers seltsamerweise völlig. Deswegen will ich die Grazität keineswegs loben, denn wie alle wissen, waren sowohl Götter wie Menschen in

Liebesdingen leichtfertig; auch will ich das Christentum nicht tadeln, denn es hat die Idee ja nur, indem es sie ausschließt. Der Grund, weshalb den Griechen diese Idee fehlt, liegt darin, daß alles Leben der Gräzität als Individualität bestimmt ist. Das Seelische ist daher vorherrschend oder stets in Übereinstimmung mit dem Sinnlichen. Die Liebe der Gräzität war deshalb seelisch, nicht sinnlich, und dies ist die Ursache jener Scham, die über aller griechischer Liebe ruht. Die Griechen verliebten sich in ein Mädchen, sie setzten Himmel und Erde in Bewegung, um es in ihren Besitz zu bringen; wenn es gelang, wurden sie dessen vielleicht überdrüssig und suchten neue Liebe. In der Unbeständigkeit konnten sie wohl eine gewisse Ähnlichkeit mit Don Juan haben, und Herkules, um nur einen zu nennen, würde wohl ein recht ansehnliches Register zustande bringen, wenn man bedenkt, daß er sich manchmal ganzer Familien annahm, die bis zu fünfzig junge Mädchen zählten, und wie ein Schwiegersohn der Familie alle versorgte – einigen Berichten zufolge in einer einzigen Nacht. Indessen unterscheidet er sich doch wesentlich von einem Don Juan, er ist kein Verführer. Stellt man sich nämlich die griechische Liebe vor, so ist sie ihrem Begriff nach wesentlich treu, eben weil sie seelisch ist, und es ist das Zufällige des einzelnen Individuums, daß es mehrere liebt, und im Verhältnis zu diesen mehreren ist es wiederum zufällig, daß es jedesmal eine Neue liebt – wenn das Individuum eine liebt, denkt es nicht an die nächste. Don Juan ist dagegen von Grund auf ein Verführer. Seine Liebe ist nicht seelisch, sondern sinnlich, und sinnliche Liebe ist ihrem Begriff nach nicht treu, sondern absolut treulos, sie liebt nicht eine, sondern alle, das heißt, sie verführt alle. Sie ist nämlich nur im Moment, der Moment aber ist, begrifflich gedacht, die Summe von Momenten, und so haben wir den Verführer. Auch die ritterliche Liebe ist seelisch und daher ihrem Begriff entsprechend wesentlich treu, nur die sinnliche ist ihrem Begriff nach wesentlich treulos. Doch diese ihre Treulosigkeit zeigt sich noch auf eine andere Weise – sie ist nämlich ständig nur eine Wiederholung. Die seelische Liebe enthält das Dialektische im doppelten Sinn. Einerseits hat sie in sich den Zweifel und die Unruhe, ob sie auch glücklich werden, ihren Wunsch erfüllt sehen und geliebt werden wird. Diese Sorge hat die sinnliche Liebe nicht. Sogar ein Jupiter ist seines Sieges nicht sicher, und das kann gar nicht anders sein, ja, er selbst kann es nicht anders wünschen. Bei Don Juan ist das nicht der Fall, er macht kurzen Prozeß, und man muß sich ihn stets absolut siegreich denken. Dies könnte für ihn als ein Vorteil erscheinen, und ist doch eigentlich eine Armut. Andererseits enthält die seelische Liebe noch eine zweite Dialektik, sie ist nämlich auch im Verhältnis zu jedem einzelnen Individuum unterschiedlich, das Gegenstand der Liebe ist. Darin liegt ihr Reichtum, ihr voller Inhalt. Bei Don Juan ist das anders. Er hat nämlich keine Zeit dafür, für ihn ist alles nur Sache des Moments. Sie sehen und lieben war eins – das kann man in gewissem Sinn von der seelischen Liebe sagen, aber darin ist auch nur ein Anfang angedeutet. Für Don Juan trifft dies auf eine andere Weise zu. Sie sehen und lieben ist eins – das ist im Moment, im gleichen Moment ist alles vorbei, und dasselbe wiederholt sich bis in die Unendlichkeit. Wenn man das Seelische in Don Juan hineindenkt, so wird es eine Lächerlichkeit und ein Selbstwiderspruch und der Idee ungemäß, für Spanien 1003 zu setzen. Es wird eine Übertreibung, die störend wirkt, selbst wenn man sich einbilden wollte, man habe ihn ideal gedacht. Hat man nun kein anderes Medium, um diese Liebe zu beschreiben, als die Sprache, so ist man in Verlegenheit, denn sobald man jene Naivität aufgibt, die in aller Arglosigkeit behaupten kann, daß 1003 für Spanien stehen, dann fordert man etwas mehr, nämlich die seelische Individualisierung. Daß man solcherart alles in einen Topf wirft und mit Zahlengrößen verblüffen will, stellt das Ästhetische keineswegs zufrieden. Die seelische Liebe bewegt sich gerade in der reichen Vielfalt des individuellen Lebens, wo das eigentlich Beutungsvolle die

Nuancen sind. Dagegen kann die sinnliche Liebe alles in einen Topf werfen. Für sie ist das Wesentliche die Weiblichkeit ganz abstrakt und höchstens noch die mehr sinnliche Differenz. Die seelische Liebe ist Bestehen in der Zeit, die sinnliche Liebe Verschwinden in der Zeit, und das Medium, welches dies ausdrückt, ist eben die Musik. Dafür ist die Musik vorzüglich geeignet, denn sie ist viel abstrakter als die Sprache und spricht daher nicht das einzelne aus, sondern das allgemeine in seiner ganzen Allgemeinheit, und doch spricht sie diese Allgemeinheit nicht in der Abstraktion der Reflexion aus, sondern in der Konkretion der Unmittelbarkeit. Um ein Beispiel für das zu geben, was ich meine, will ich etwas näher auf die zweite Diener-Arie eingehen: das Register der Verführten. Diese Nummer kann man als das eigentliche Epos des Don Juan ansehen. Mach also das Experiment, wenn du die Richtigkeit meiner Aussage bezweifelst! Stell dir einen Dichter vor, glücklicher von der Natur ausgerüstet als je einer vor ihm, gib ihm die Üppigkeit des Ausdrucks, gib ihm Herrschaft und Autorität über die Mächte der Sprache – mag alles, worin Lebensgeist ist, ihm gehorsam sein, seinem leisesten Wink untertan, mag alles bereitwillig auf sein Kommandowort warten, mag er umringt sein von einer zahlreichen Schar leichter Renner, schnellfüßiger Eilboten, die den Gedanken im schnellsten Flug einholen, mag nichts ihm entgehen, nicht die geringste Bewegung, kein Geheimnis, nichts Unaussprechliches in der ganzen Welt soll ihm verborgen bleiben – stell ihm dann die Aufgabe, Don Juan episch zu besingen, das Register der Verführten zu entrollen. Was wird die Folge sein – er wird niemals fertig. Wenn man so will, hat das Epische den Fehler, daß es sich beliebig lange fortsetzen läßt, sein Held, der Improvisator Don Juan kann nach Belieben fortfahren. Der Dichter wird nun in die Vielfalt gehen und damit immer noch genug erfreuen, doch er wird niemals jene Wirkung erreichen, die Mozart erreicht hat; denn selbst wenn er schließlich fertig würde, so hätte er doch nicht die Hälfte von dem gesagt, was Mozart in dieser einen Nummer ausgedrückt hat. Mozart hat sich nicht auf die Vielfalt eingelassen, bestimmte große Formationen sind es, die sich vorbeibewegen. Dies ist ausreichend im Medium selbst begründet, in der Musik, die zu abstrakt ist, um die Differenzen auszudrücken. Daher ist das musikalische Epos relativ kurz, und doch hat es in unvergleichlicher Weise die epische Eigenschaft, daß es nach Belieben fortdauern könnte, denn man kann es immer wieder von vorn beginnen lassen und wieder und wieder hören, eben weil darin das Allgemeine ausgedrückt ist, und zwar in der Konkretion der Unmittelbarkeit. Hier hört man Don Juan nicht als einzelnes Individuum, man hört ihn nicht reden, sondern hört die Stimme, die Stimme der Sinnlichkeit, und man hört sie durch die Sehnsüchte der Weiblichkeit. Don Juan kann nur dadurch episch werden, daß er stets fertig wird und stets von vorn beginnen kann, denn sein Leben ist die Summe von repellierenden[29] Momenten, die ohne Zusammenhang sind, sein Leben ist wie der Moment die Summe von Momenten, wie die Summe von Momenten der Moment ist. In dieser Allgemeinheit, in diesem Schweben – Individuum oder Naturkraft zu sein – liegt Don Juan; sobald er Individuum wird, ergaben sich für das Ästhetische ganz andere Kategorien. Daher ist es auch ganz richtig und hat eine tiefe innere Bedeutung, daß in der Verführung des Stücks, Zerlines, das Mädchen ein gewöhnliches Bauernmädchen ist. Scheinheilige Ästhetiker, die sich den Anschein geben, Dichter und Komponisten zu verstehen, dabei aber alles tun, um diese mißzuverstehen, wollten uns vielleicht belehren, daß Zerline ein ungewöhnliches Mädchen sei. Wer eine solche Meinung vertritt, zeigt, daß er Mozart total mißverstanden hat und falsche Kategorien gebraucht. Daß er Mozart mißversteht, ist klar genug; denn Mozart hat Zerline mit Fleiß so unbedeutend gehalten wie möglich, das hat auch Hotho bemerkt, ohne freilich den tiefen Grund zu sehen. Wäre Don Juans Liebe nämlich anders und nicht sinnlich bestimmt gewesen, wäre er ein Verführer in geistiger Bedeutung gewesen – etwas, das später Gegenstand der Betrachtung werden soll –, dann wäre es ein Grundfehler des Stücks gewesen, daß die Heldin jener Verführung, die uns dramatisch im Stück beschäftigt, ein kleines Bauernmädchen ist. Dann hätte das Ästhetische nach einer schwierigeren Aufgabe verlangt. Für Don Juan hingegen haben diese Differenzen keine Geltung. Wenn ich mir vorstellen könnte, daß er dergleichen Rede über sich selbst führte, dann würde er vielleicht sagen: »Ihr seid im Irrtum, ich bin kein Ehemann, der für sein Glück ein ungewöhnliches Mädchen braucht; das, wodurch ich glücklich werde, hat jedes Mädchen, und deshalb nehme ich sie alle.« So sind die Worte zu verstehen, die ich zuvor schon erwähnt habe: Frauenzimmer jung und alt –, oder an anderer Stelle: *pur chè porti la gonella, voi sapete quel chè fà*[30]. Für Don Juan ist jedes Mädchen ein gewöhnliches Mädchen, jedes Liebesabenteuer eine Alltagsgeschichte. Zerline ist jung und hübsch und eine Frau – dies ist das Ungewöhnliche, das sie mit hundert anderen gemeinsam hat, Don Juan aber begehrt nicht das Ungewöhnliche, sondern das Gewöhnliche, das sie mit jeder Frau gemeinsam hat. In anderem Fall hört Don Juan auf, absolut musikalisch zu sein, dann fordert das Ästhetische das Wort, die Replik, während hier, in diesem Fall, Don Juan absolut musikalisch ist. Auch von einer anderen Seite her, vom inneren Bau des Stücks, will ich dies beleuchten. Elvira ist Don Juan eine gefährliche Feindin, in den Repliken, die vom dänischen Übersetzer stammen, wird dies oft hervorgehoben. Gewiß ist es ein Fehler, daß sich Don Juan in Repliken äußert, das schließt jedoch nicht aus, daß darin eine einzelne gute Bemerkung enthalten sein kann. Don Juan fürchtet also Elvira. Nun wird es der eine und andere Ästhetiker vermutlich für eine gründliche Erklärung halten, wenn er sich lang und breit darüber ausläßt, daß Elvira ein ungewöhnliches Mädchen ist usw. Das ist alles fehlgeschossen. Sie ist ihm gefährlich, weil sie verführt ist. Im selben Sinn, genau im selben Sinn, wird ihm Zerline gefährlich, wenn sie verführt ist. Sobald sie verführt ist, ist sie in eine höhere Sphäre emporgehoben, sie hat ein Bewußtsein, wie es Don Juan nicht hat. Deshalb ist sie ihm gefährlich. Also ist der Grund, weshalb sie ihm gefährlich ist, wiederum nicht das Zufällige, sondern das Allgemeine.

Don Juan ist also Verführer, seine Erotik ist Verführung. Damit ist viel gesagt, wenn man es richtig versteht, und wenig, wenn man es mit einer gewissen allgemeinen Unklarheit auffaßt. Wir haben bereits gesehen, daß jener Begriff des Verführers in Hinblick auf Don Juan wesentlich modifiziert ist, denn der Gegenstand seiner Begierde ist das Sinnliche und das Sinnliche allein. Dies war von Bedeutung, um das Musikalische in

Don Juan zu zeigen. Im Altertum fand das Sinnliche seinen Ausdruck in der schweigenden Stille der Plastik, in der christlichen Welt mußte das Sinnliche mit seiner ganzen ungeduldigen Leidenschaft erbrausen. Obgleich man nun fürwahr sagen kann, daß Don Juan ein Verführer ist, so hat dieser Ausdruck, der auf die schwachen Hirne einzelner Ästhetiker leicht zerrüttend wirkt, doch oft Anlaß zu Mißverständnissen gegeben, denn man hat alles mögliche zusammengekratzt, was sich von einem solchen Verführer sagen läßt, und ohne weiteres auf Don Juan übertragen. Bald hat man seine eigene Arglist an den Tag gebracht, indem man sie bei Don Juan aufspürte, bald hat man sich heiser geredet, um Don Juans Ränke und seine Verschlagenheit zu erklären, kurz gesagt, das Wort Verführer hat Anlaß dazu gegeben, daß jeder gegen Don Juan war, so gut er konnte, und sein Scherflein zu einem totalen Mißverständnis beigetragen hat. Sofern einem mehr daran gelegen ist, etwas Richtiges zu sagen, als irgend etwas, muß man den Ausdruck Verführer für Don Juan mit großer Vorsicht verwenden. Dies nicht, weil Don Juan zu gut ist, sondern weil er überhaupt nicht unter ethische Bestimmungen fällt. Ich würde ihn deshalb auch nicht einen Betrüger nennen, denn darin liegt immer etwas mehr Zweideutiges. Um Verführer zu sein, ist stets eine gewisse Reflexion und ein gewisses Bewußtsein erforderlich, und erst wenn dies vorhanden ist, kann man von List und Ränken und hinterlistigen Angriffen reden. Dieses Bewußtsein fehlt Don Juan. Er verführt daher nicht. Er begehrt, diese Begierde wirkt verführend – insofern verführt er. Er genießt die Befriedigung der Begierde; sobald er sie genossen hat, sucht er einen neuen Gegenstand, und so bis in die Unendlichkeit. Er betrügt daher wohl, jedoch nicht derart, daß er seinen Betrug im voraus plant, die Verführten werden von der Macht der Sinnlichkeit selbst betrogen, und dies ist eher eine Art Nemesis. Er begehrt und begehrt fortwährend und genießt fortwährend die Befriedigung der Begierde. Um ein Verführer zu sein, fehlt ihm die Zeit davor, in der er seinen Plan entwirft, und die Zeit danach, in der er sich seiner Handlung bewußt wird. *Ein Verführer sollte daher eine Macht besitzen, die Don Juan,* wie gut er ansonsten auch gerüstet ist, *nicht besitzt – die Macht des Wortes.* Sobald wir ihm die Macht des Wortes geben, hört er auf, musikalisch zu sein, und das ästhetische Interesse wird ein ganz anderes. Achim von Arnim[31] spricht einmal von einem Verführer in einem völlig anderen Stil, einem Verführer, der unter ethische Bestimmungen fällt. Er verwendet für ihn einen Ausdruck, der sich an Wahrheit, Kühnheit und Prägnanz fast mit einem Bogenstrich Mozarts messen kann. Er sagt, dieser Verführer konnte mit einer Frau auf eine Weise reden, daß er sich durch des Teufels Großmutter vom Teufel losgeschwatzt hätte. Dies ist der eigentliche Verführer, hier ist das ästhetische Interesse auch ein anderes, nämlich: wie, die Methode. Obgleich es der Aufmerksamkeit der meisten vielleicht entgangen ist, liegt daher etwas sehr Tiefsinniges darin, daß Faust, welcher Don Juan reproduziert, nicht wie dieser Hunderte, sondern nur ein einziges Mädchen verführt – dieses eine Mädchen aber ist im intensiven Sinn auch ganz anders verführt und vernichtet als alle, die von Don Juan betrogen wurden, eben weil Faust als Reproduktion die Bestimmung des Geistes in sich hat. Die Kraft eines solchen Verführers ist die Rede, das heißt die Lüge. Vor einigen Tagen hörte ich, wie ein Landsoldat mit einem anderen über einen dritten sprach, der ein Mädchen betrogen hatte; er gab keine weitläufige Beschreibung, und doch war sein Ausdruck ganz vortrefflich: »Er konnte so mit Lügen und so.« Ein solcher Verführer ist von ganz anderer Art als Don Juan und wesentlich von ihm verschieden, was man auch daran sehen kann, daß er und sein Tun in hohem Grad unmusikalisch sind und in ästhetischer Hinsicht in der Bestimmung des Interessanten liegen. Wird er ästhetisch richtig gedacht, dann ist der Gegenstand seiner Begierde auch etwas mehr als das bloß Sinnliche.

Aber was ist es nun für eine Kraft, mit der Don Juan verführt? Es ist die Energie der Begierde, der sinnlichen Begierde. Er begehrt in jedem Weib die ganze Weiblichkeit, und darin liegt die sinnlich idealisierende Macht, mit der er seine Beute zugleich verschönt und besiegt. Der Reflex dieser gigantischen Leidenschaft verschönt und entwickelt das Begehrte, es errötet in erhöhter Schönheit in seinem Widerschein. So wie das Feuer des Begeisterten selbst die Unbeteiligten mit verführerischem Glanz beleuchtet, so verklärt er in einem viel tieferen Sinn jedes Mädchen, denn sein Verhältnis zu ihr ist ein wesentliches. Alle endlichen Differenzen verschwinden daher für ihn im Vergleich mit der Hauptsache – daß es ein Weib ist. Die älteren verjüngt er bis zur schönen Mitte der Weiblichkeit, Kinder läßt er fast im Augenblick heranreifen – alles, was Weib ist, ist seine Beute *(pur chè porti la gonella, voi sapete quel chè fà)*. Indessen darf man es keineswegs so verstehen, als ob seine Sinnlichkeit Blindheit wäre; instinktiv weiß er sehr gut Unterschiede zu machen, und vor allem – er idealisiert. Wenn ich nun einen Moment an ein vorhergehendes Stadium, an den Pagen, zurückdenke, so erinnert sich der Leser vielleicht daran, daß ich schon in diesem Zusammenhang eine Replik des Pagen mit einer Replik Don Juans verglich. Ich ließ den mythischen Pagen stehen, den wirklichen schickte ich zur Armee. Wenn ich mir nun vorstelle, daß sich der mythische Page losgerissen hat und in Bewegung geraten ist, dann fällt mir eine Replik des Pagen ein, die auch für Don Juan paßt. Als Cherubin leicht wie ein Vogel und verwegen aus dem Fenster springt, macht dies einen so starken Eindruck auf Susanna, daß sie einer Ohnmacht nahe ist, und als sie wieder zu sich kommt, ruft sie aus: »Seht wie er läuft[32] – na, wenn der kein Glück bei den Mädchen hat.« Das sagt Susanna ganz richtig, und der Grund für ihre Ohnmacht ist nicht nur die Vorstellung des verwegenen Sprungs, sondern eher, daß er sein Glück bei ihr schon gemacht hat. Der Page ist nämlich der zukünftige Don Juan, was man aber keineswegs auf eine so lächerliche Weise verstehen darf, als ob der Page durch sein Älterwerden zum Don Juan würde. Nun macht Don Juan nicht nur sein Glück bei den Mädchen, er macht die Mädchen auch glücklich und – unglücklich, doch seltsam: eben so wollen sie es haben, und es wäre ein schlechtes Mädchen, das nicht unglücklich werden wollte, um einmal mit Don Juan glücklich gewesen zu sein. Wenn ich nun Don Juan auch im weiteren einen Verführer nenne, so stelle ich mir doch keineswegs vor, daß er heimtückisch seine Pläne entwirft, raffiniert die Wirkung seiner Intrigen berechnet; er betrügt mit der Genialität der Sinnlichkeit und ist gleichsam ihre Inkarnation. Kluge Besonnenheit fehlt ihm; sein Leben ist schäumend wie der Wein, mit dem er sich stärkt, sein Leben ist bewegt wie die Töne, die seine

fröhliche Mahlzeit begleiten, immer ist er triumphierend. Er braucht keine Vorbereitung, keinen
Plan, keine Zeit; denn er ist immer fertig, die Kraft
ist stets in ihm und die Begierde auch, und nur
wenn er begehrt, ist er recht in seinem Element. Er
sitzt zu Tisch, schwingt froh wie ein Gott den Po-
kal – er steht auf, mit der Serviette in der Hand,
zum Angriff bereit. Wenn Leporello ihn mitten in
der Nacht aus dem Schlaf holt, so wacht er auf,
stets seines Siegs gewiß. Doch diese Kraft, diese
Macht kann das Wort nicht ausdrücken, nur die
Musik kann uns eine Vorstellung davon geben; sie
ist für Reflexion und Gedanken unaussprechlich.
Die List eines ethisch bestimmten Verführers kann
ich klar in Worte fassen, und die Musik würde sich
an diese Aufgabe vergeblich wagen. Mit Don Juan
verhält es sich umgekehrt. Was ist das für eine
Macht? – Niemand kann es sagen, selbst wenn ich
Zerline, bevor sie zum Ball geht, fragte: Was ist
das für eine Macht, mit der er dich fesselt? – so
würde sie antworten: Man weiß es nicht; und ich
würde sagen: Wohl gesprochen, mein Kind! Du
sprichst weiser als die Weisen der Inder, richtig,
das weiß man nicht; und das Unglück ist, daß ich
es dir auch nicht sagen kann.

Diese Kraft in Don Juan, diese Allmacht, dieses
Leben kann nur die Musik ausdrücken, und ich
weiß kein anderes Prädikat dafür als: es ist lebens-
trotzende Munterkeit. Wenn Don Juan in Kruses

Fassung[33] bei Zerlines Hochzeit die Bühne mit den Worten betritt: »Munter, Kinder! Ihr seid ja alle wie zur Hochzeit gekleidet«, so sagt er etwas sehr Richtiges und zugleich etwas mehr, als er vielleicht beabsichtigt. Die Munterkeit bringt er nämlich selber mit, und was die Hochzeit betrifft, so ist es nicht ohne Bedeutung, daß alle wie für eine Hochzeit gekleidet sind; denn Don Juan ist nicht nur der Mann für Zerline, sondern er feiert mit Spiel und Gesang die Hochzeit aller jungen Mädchen im ganzen Kirchspiel. Was Wunder, daß sie sich um ihn scharen, die fröhlichen Mädchen. Und sie werden auch nicht enttäuscht, denn er hat genug für sie alle. Schmeicheleien, Seufzer, kühne Blicke, verstohlenen Händedruck, heimliches Flüstern, gefährliche Nähe, lockende Entfernung – und das sind nur die kleineren Mysterien, Geschenke vor der Hochzeit. Mit Freude überschaut Don Juan eine so reiche Ernte, des ganzen Kirchspiels nimmt er sich an, und doch kostet ihn das vielleicht kaum so viel Zeit, wie Leporello in seiner Buchhaltung braucht.

Das hier Entwickelte hat den Gedanken abermals zum eigentlichen Gegenstand der Untersuchung geführt – daß Don Juan absolut musikalisch ist. Er begehrt sinnlich, er verführt mit der dämonischen Macht der Sinnlichkeit, er verführt alle. Das Wort, die Replik kommt ihm nicht zu, da würde er sofort ein reflektierendes Individuum. Er ist dergestalt gar nicht von Bestand, sondern eilt dahin in ewigem Verschwinden – wie die Musik vorüber ist, sobald sie aufgehört hat zu erklingen, und nur wiederkehrt, indem sie abermals erklingt. Wenn ich daher die Frage stellen wollte, wie Don Juan aussieht, ob er schön ist, jung oder älter, wie alt wohl ungefähr, so ist das nichts weiter als eine Akkommodation, und was sich darüber sagen läßt, kann keinen anderen Platz hier finden, als ihn eine tolerierte Sekte in der Staatskirche findet. Er ist schön, nicht ganz jung – sollte ich ein Alter nennen, so würde ich vorschlagen 33 Jahre, das nämlich ist das Generationsalter. Das Bedenkliche an derartigen Untersuchungen ist, daß man leicht das Totale verliert, indem man beim einzelnen verweilt – als ob es seine Schönheit oder was man sonst nennen könnte, wäre, womit Don Juan verführt –, man sieht ihn, doch man hört ihn nicht mehr, und damit ist er verloren. Wollte ich nun sagen – gleichsam um mein Möglichstes zu tun, damit der Leser eine Anschauung von ihm gewinnt –: Seht, da steht er, seht, wie sein Auge flammt, wie seine Lippe sich im Lächeln hebt, so sicher ist er seines Sieges, seht seinen königlichen Blick, der fordert, was des Kaisers ist, seht, wie leicht er den Tanz beginnt, wie stolz er die Hand reicht, wo ist die Glückliche, der sie geboten wird; – oder wollte ich sagen: Seht, da steht er im Schatten des Waldes, er lehnt sich gegen einen Baum, er

begleitet sein Lied auf einer Gitarre, und seht, dort
verschwindet zwischen den Bäumen ein junges
Mädchen, verängstigt wie ein aufgescheuchtes
Wild, doch er hat es nicht eilig, er weiß, daß sie
ihn sucht; – oder wollte ich sagen: Da ruht er am
Ufer des Sees in heller Nacht, so schön, daß der
Mond stehenbleibt und seine Jugendliebe nacher-
lebt, so schön, daß die jungen Mädchen der Stadt
viel darum gäben, dürften sie sich zu ihm stehlen
und das Dunkel des Augenblicks nutzen und ihn
küssen, während der Mond wieder aufsteigt, um
am Himmel zu leuchten – wollte ich das sagen,
dann würde der aufmerksame Leser entgegnen:
Seht, da hat er sich alles verdorben, da hat er selber
vergessen, daß Don Juan nicht gesehen, sondern
gehört werden muß. Deshalb tu ich es auch nicht,
sondern ich sage: Hört Don Juan, das heißt:
kannst du ihn dir beim Hören nicht vorstellen, so
kannst du es nie. Hört den Beginn seines Lebens;
wie sich der Blitz aus dem Dunkeln der Gewitter-
wolke löst, so bricht er hervor aus der Tiefe des
Ernstes, schneller als der Blitz und unsteter, und
doch ebenso taktfest; hört, wie er sich in die Vielfalt des Lebens hinunterstürzt, wie er sich bricht an
ihrem festen Damm, hört diese leichten tanzenden
Geigentöne, hört die Winke der Freude, hört den
Jubel der Lust, hört die festliche Seligkeit des Genusses; hört seine wilde Flucht, an sich selber eilt
er vorüber, immer schneller, immer unaufhaltsa-

mer, hört das zügellose Begehren der Leidenschaft, hört das Brausen der Liebe, hört das Flüstern der Verlockung, hört den Wirbel der Verführung, hört die Stille des Augenblicks – hört, hört, hört Mozarts Don Juan.

2. *Andere Bearbeitungen des Don Juan, in bezug auf die musikalische Auffassung betrachtet*

Bekanntlich ist die Idee des Faust Gegenstand sehr vieler Auffassungen gewesen, mit Don Juan ist das keineswegs der Fall. Dies könnte seltsam anmuten, um so mehr, als jene letzte Idee einen weit universelleren Abschnitt in der Entwicklung des individuellen Lebens bezeichnet als die erste. Doch läßt es sich unschwer daraus erklären, daß gerade die geistige Reife, die das Faustische voraussetzt, eine unterschiedliche Auffassung viel natürlicher macht. Hinzu kommt, woran ich schon oben erinnert habe, als ich auf das Fehlen einer eigentlichen Sage von Don Juan hinwies, daß man dunkel die Schwierigkeit in Hinblick auf das Medium gefühlt hat, bevor Mozart Medium und Idee entdeckte. Erst mit diesem Augenblick ist die Idee zu ihrer wahren Würde gekommen und hat nun wiederum mehr denn je einen Zeitraum des individuellen Lebens ausgefüllt, und zwar so vollkommen, daß der Drang, das in der Phantasie Erlebte dichterisch zu artikulieren, nicht zur poetischen Notwendigkeit wurde. Dies ist abermals ein indirekter Beweis für den absoluten klassischen Wert der Mozartschen Oper. Das in dieser Hinsicht Ideale hatte einen vollkommenen künstlerischen Ausdruck bereits in einem Grad gefunden, daß es zwar verlockend wirken konnte, nicht aber zu dichterischer Produktivität. Verlockend ist Mozarts Musik gewiß gewesen; denn wo wäre der junge Mensch, der nicht Augenblicke gekannt hätte in seinem Leben, da er sein halbes Reich dafür gegeben hätte, ein Don Juan zu sein, oder vielleicht das ganze, da er seine halbe Lebenszeit dafür gegeben hätte, um ein Jahr Don Juan zu sein, oder vielleicht seine ganze. Doch dabei blieb es auch; die tieferen Naturen, die von der Idee berührt waren, sie fanden jeden, auch den leisesten Lufthauch ausgedrückt in Mozarts Musik, sie fanden in ihrer grandiosen Leidenschaft einen volltönenden Ausdruck dessen, was sich in ihrem eigenen Inneren bewegte, sie vernahmen, wie jede Stimmung zu jener Musik hinstrebte, so wie der Bach dahineilt, um sich in der Unendlichkeit des Meeres zu verlieren. Diese Naturen fanden in Mozarts Don Juan ebensoviel Text wie Kommentar, und während sie solcherart in jene Musik hinabglitten und die Freude genossen, sich selbst zu verlieren, gewannen sie zugleich den Reichtum der Bewunderung. Mozarts Musik war in keiner Hinsicht zu eng, im Gegenteil, ihre eigenen Stimmungen wurden ausgeweitet, nahmen eine übernatürliche Größe an, indem sie sich in Mozart wiederfanden. Die niederen Naturen, die von keiner Unendlichkeit ahnen, keine Unendlichkeit fassen, die Pfuscher, die glaubten, selbst ein Don Juan zu sein, weil sie einem Bauernmädchen in die Wange gekniffen, ein Dienstmädchen umarmt oder ein Jüngferchen zum Erröten gebracht hatten, sie verstanden natürlich weder die Idee noch Mozart noch selber einen Don Juan hervorzubringen – es wurde nichts weiter als eine lächerliche Mißgeburt, ein Familien-Abgott, der sich vor den vernebelten, sentimentalen Blicken einiger Cousinen vielleicht als wahrer Don Juan ausnahm, als Inbegriff aller Liebenswürdigkeit. In einem solchen Sinn hat Faust noch nie einen Ausdruck gefunden und kann es auch nicht, wie oben bemerkt wurde, denn seine Idee ist viel konkreter. Eine Auffassung des Faust kann verdienen, daß man sie vollendet nennt, und doch wird ein folgendes Geschlecht einen neuen Faust erzeugen; dagegen lebt Don Juan aufgrund des abstrakten Charakters seiner Idee ewig und zu allen Zeiten, die Absicht, nach Mozart einen Don Juan zu liefern, hieße stets, eine *Ilias post Homerum*[34] schreiben zu wollen, und zwar in einem viel tieferen Sinn, als es auf Homer zutrifft.

Auch wenn das hier Entwickelte richtig ist, so besagt es keineswegs, daß nicht eine einzelne begabte Natur sich doch darin versucht haben könnte, den Don Juan noch auf andere Weise aufzufassen. Daß es so ist, weiß jeder, doch nicht jeder hat vielleicht bemerkt, daß alle anderen Auffassungen im Typ wesentlich dem Don Juan Molières[35] entsprechen; dieser ist jedoch viel älter als Mozarts und zudem komisch und verhält sich zu Mozarts Don Juan wie ein Märchen in der Auffassung des Musäus zu einer Bearbeitung von Tieck. Insofern kann ich mich eigentlich darauf beschränken, den Molièreschen Don Juan zu besprechen, und indem ich ihn ästhetisch zu würdigen versuche, zugleich indirekt die anderen Auffassungen würdigen. Eine Ausnahme will ich jedoch mit dem Don Juan von Heiberg[36] machen. Heiberg erklärt auf dem Titelblatt selbst, daß sein Don Juan »zum Teil nach Molière« sei. Das ist gewißlich so, und doch hat Heibergs Stück gegenüber Molières einen großen Vorzug. Dies hat seinen Grund wohl in dem sicheren ästhetischen Blick, mit dem Heiberg seine Aufgabe stets begreift, in dem Geschmack, mit dem er zu distinguieren weiß, es ist aber nicht ausgeschlossen, daß Professor Heiberg im vorliegenden Fall indirekt von Mozarts Auffassung beeinflußt war, in der Art nämlich, daß er erkannte, wie Don Juan aufgefaßt werden muß, soll nicht die Musik der eigentliche Ausdruck sein und sollen nicht ganz andere ästhetische Kategorien für ihn gelten. Auch Professor Hauch[37] hat einen Don Juan geliefert, der eher unter die Bestimmung des Interessanten fällt.

Wenn ich nun dazu übergehe, diese zweite Formation von Bearbeitungen des Don Juan zu behandeln, dann brauche ich den Leser wohl kaum daran zu erinnern, daß dies in der vorliegenden kleinen Untersuchung keineswegs zum Selbstzweck geschieht, sondern nur, um vollständiger, als es im vorhergehenden möglich war, die Bedeutung der musikalischen Auffassung zu erhellen.

Der Angelpunkt in der Auffassung des Don Juan wurde schon oben wie folgt bezeichnet: sobald Don Juan in Repliken spricht, ist alles verändert. Jene Reflexion nämlich, welche die Replik motiviert, reflektiert ihn aus der Dunkelheit heraus, in der er nur musikalisch hörbar war. Insofern könnte es den Anschein haben, als ließe sich Don Juan vielleicht am allerbesten als Ballett auffassen. Das ist bekanntlich auch geschehen. Indessen muß man diese Auffassung dafür loben, daß sie ihre Kräfte gekannt und sich daher auf die letzte Szene beschränkt hat, in der sich Don Juans Leidenschaft am leichtesten im pantomimischen Muskelspiel sichtbar machen ließ. Die Folge davon ist aber, daß Don Juan nicht seiner wesentlichen Leidenschaft entsprechend, sondern dem Zufälligen entsprechend dargestellt wird, und das Theaterplakat einer solchen Vorstellung kündigt stets mehr an, als das Stück enthält, es kündigt Don Juan als den Verführer an, wohingegen das Ballett fast ausschließlich die Qualen der Verzweiflung darstellt, deren Ausdruck, sofern dieser nur pantomimisch sein soll, Don Juan mit vielen anderen Verzweifelten gemeinsam hat. Das Wesentliche in Don Juan läßt sich im Ballett nicht darstellen, und jedem käme der Anblick eines Don Juan, der ein Mädchen mit seinen Tanzschritten und sinnreichen Gestikulationen betört, sogleich lächerlich vor. Don Juan ist eine Bestimmung nach innen und kann also nicht in den Formen des Körpers und seinen Bewegungen oder in plastischer Harmonie sichtbar werden oder sich offenbaren.

Selbst wenn man Don Juan nicht in Repliken reden lassen will, wäre doch eine Auffassung von ihm denkbar, die dennoch das Wort als Medium gebrauchte. Eine solche gibt es auch wirklich von Byron. Gewiß war Byron in vielerlei Weise besonders dafür geeignet, einen Don Juan darzustellen, und daher kann man sicher sein, daß die Ursache für das Mißlingen dieses Vorhabens nicht in Byron[38], sondern viel tiefer liegt. Byron hat es gewagt, Don Juan vor uns entstehen zu lassen, uns das Leben seiner Kindheit und Jugend zu erzählen, ihn aus dem Kontext endlicher Lebensverhältnisse heraus zu konstruieren. Dadurch wird Don Juan eine reflektierte Persönlichkeit und verliert jene Idealität, die er in der traditionellen Vorstellung besitzt. Ich will hier sogleich entwickeln, welche Veränderung mit der Idee erfolgt. Wird

Don Juan musikalisch aufgefaßt, dann höre ich in ihm die ganze Unendlichkeit der Leidenschaft und zugleich ihre unendliche Macht, der nichts widerstehen kann; ich höre das wilde Gelüst der Begierde und zugleich die absolute Siegesgewalt dieser Begierde, gegen die jeder Widerstand vergeblich wäre. Wird der Gedanke einmal von einem Hindernis aufgehalten, so hat dies eher die Funktion, die Leidenschaft lediglich zu erhitzen, als sich wirklich entgegenzustellen – der Genuß wird größer, der Sieg ist gewiß und das Hindernis nur ein Reiz. Ein derartig elementarisch bewegtes Leben, dämonisch-mächtig und unwiderstehlich, habe ich in Don Juan. Dies ist seine Idealität, und ich kann mich ungestört über sie freuen, denn die Musik stellt ihn mir nicht als Person oder Individuum vor, sondern als Macht. Don Juan als Individuum aufgefaßt, ist *eo ipso* in Konflikt mit der ihn umgebenden Welt, als Individuum spürt er Druck und Fessel dieser Umgebung, als großes Individuum besiegt er sie vielleicht, man merkt jedoch sofort, daß die Schwierigkeiten der Hindernisse hier eine andere Rolle spielen. Sie sind es, mit dem sich das Interesse wesentlich beschäftigt. Damit aber ist Don Juan unter die Bestimmung des Interessanten gebracht. Würde er hier als absolut siegreich mit Hilfe von Wortgeklingel dargestellt, so würde man das sogleich als unbefriedigend empfinden, denn es ist für ein Individuum als solches nicht wesentlich, daß es siegreich ist, und man würde die Krisis des Konflikts verlangen.

Der Widerstand, den das Individuum zu bekämpfen hat, kann teils ein äußerlicher sein, der weniger im Gegenstand als in der umgebenden Welt liegt, teils kann er im Gegenstand selber liegen. Fast alle Auffassungen des Don Juan haben sich mit dem ersten beschäftigt, weil sie jenes Moment der Idee, daß er als Erotiker siegreich sein muß, beibehielten. Hebt man dagegen die zweite Seite hervor, dann erst, glaube ich, eröffnet sich eine Aussicht auf eine bedeutungsvolle Auffassung des Don Juan, die ein Gegenbild zum musikalischen Don Juan darstellt, wohingegen jede Auffassung des Don Juan, die zwischen diesen beiden liegt, stets unvollkommen bleibt. Im musikalischen Don Juan hätte man den extensiven Verführer, im zweiten den intensiven. Dieser letzte Don Juan wird nun keineswegs so dargestellt, als gelangte er mit einem einzigen Streich in Besitz seines Gegenstands, er ist nicht der unmittelbar bestimmte Verführer, er ist der reflektierte Verführer. Was uns hier beschäftigt, ist die Schläue, die Hinterlist, mit der er sich in das Herz eines Mädchens einzuschleichen weiß, die Herrschaft, die er sich darüber zu verschaffen versteht, die betörende, planmäßige, sukzessive Verführung. Da wird es gleichgültig, wie viele er verführt hat, uns beschäftigt die Kunst, die Gründlichkeit, die tiefsinnige Hinterlist, mit der er verführt. Am Ende wird selbst der Genuß auf eine Weise reflektiert, daß er, mit dem Genuß des musikalischen Don Juan verglichen, ein anderer wird. Der musikalische Don Juan genießt die Befriedigung, der reflektierte Don Juan genießt den Betrug, genießt die List. Der unmittelbare Genuß ist vorbei, und genossen wird eher eine Reflexion über den Genuß. Diesbezüglich findet sich in Molières Auffassung ein einzelner Hinweis, nur kann er keineswegs zu seinem Recht gelangen, da die gesamte übrige Auffassung stört. In Don Juan erwacht die Begierde, weil er ein Mädchen in der Beziehung zu dem, den sie liebt, glücklich sieht, er wird eifersüchtig. Ein solches Interesse würde uns in der Oper überhaupt nicht beschäftigen, eben weil Don Juan kein reflektiertes Individuum ist. Sobald Don Juan als ein reflektiertes Individuum aufgefaßt wird, kann man eine der musikalischen entsprechende Idealität nur erreichen, wenn man die Sache auf psychologisches Gebiet überführt. Dann erreicht man die Idealität der Intensität. Daher ist Byrons Don Juan, der sich episch ausbreitet, als verfehlt anzusehen. Der unmittelbare Don Juan muß 1003 verführen, der reflektierte braucht nur eine einzige zu verführen, und was uns beschäftigt, ist, wie er das tut. Die Verführung des reflektierten Don Juan ist ein Kunststück, in dem jeder einzelne kleine Zug seine besondere Bedeutung hat;

die Verführung des musikalischen Don Juan passiert im Handumdrehen, ist Sache eines Augenblicks, schneller getan als gesagt. Ich erinnere mich an ein Tableau, das ich einmal gesehen habe. Ein schöner junger Mensch, so recht ein Frauenheld. Er spielte mit ein paar jungen Mädchen, alle in jenem gefährlichen Alter zwischen Kindsein und Erwachsensein. Unter anderem hatten sie ihren Spaß daran, über einen Graben zu springen. Er stand am Rand und war ihnen beim Sprung behilflich, indem er sie umfaßte, sie leicht in die Höhe hob und sie hinüber auf die andere Seite setzte. Es war ein reizvoller Anblick; ich freute mich über den Burschen ebenso sehr wie über die jungen Mädchen. Da dachte ich an Don Juan. Sie laufen ihm von selber in die Arme, die jungen Mädchen, da greift er sie, ebenso schnell, ebenso adrett setzt er sie hinüber auf die andere Seite des Lebensgrabens.

Der musikalische Don Juan ist absolut siegreich und daher natürlich auch absolut in Besitz jeglichen Mittels, das zu diesem Sieg führen kann, oder richtiger, er besitzt das Mittel so absolut, daß er es gleichsam nicht zu benutzen braucht, das heißt, er benutzt es nicht als Mittel. Sobald er ein reflektiertes Individuum wird, stellt sich heraus, daß es etwas gibt, was Mittel genannt wird. Wenn der Dichter ihm nun dieses Mittel gibt, daneben aber den Widerstand und das Hindernis so gefährlich macht, daß der Sieg in Zweifel steht, so fällt Don Juan unter die Bestimmung des Interessanten, und in dieser Hinsicht lassen sich mehrere Auffassungen des Don Juan denken, bis hin zu dem, was wir zuvor die intensive Verführung nannten; wenn ihm der Dichter das Mittel dagegen verweigert, dann fällt die Auffassung unter die Bestimmung des Komischen. Eine vollkommene Auffassung des Don Juan unter der Bestimmung des Interessanten habe ich nicht gesehen; dagegen trifft es für die meisten Auffassungen zu, daß sie sich dem Komischen nähern. Dies ist leicht daraus zu erklären, daß sie an Molière anknüpfen, in dessen Auffassung das Komische schlummert, und es ist Heibergs Verdienst, daß er sich dessen deutlich bewußt wurde und daher sein Stück nicht nur als Marionettenspiel bezeichnet, sondern das Komische auch auf vielfache andere Weise durchschimmern läßt. Sobald einer dargestellten Leidenschaft das Mittel zu ihrer Befriedigung verweigert wird, so kann dies entweder eine tragische oder eine komische Wendung bewirken. Wo sich die Idee als völlig unberechtigt erweist, läßt sich eine tragische Wendung kaum hervorrufen, und daher ist das Komische so naheliegend. Stelle ich in einem Individuum die Spiellust dar und gebe ihm nun fünf Reichstaler zu verspielen, so wird die Wendung komisch. Zwar verhält es sich mit dem Molièreschen Don Juan ein wenig anders, aber doch auf

eine ähnliche Weise. Lasse ich Don Juan in Geldverlegenheit geraten und von Gläubigern geplagt
werden, so verliert er sogleich jene Idealität, die er
in der Oper hat, und die Wirkung wird komisch.
Die berühmte komische Szene bei Molière, die als
komische Szene großen Wert besitzt und zudem
sehr gut in seine Komödie paßt, gehörte aus diesem Grund natürlich niemals in die Oper, denn
dort wirkt sie vollkommen störend.

Daß die Molièresche Auffassung zum Komischen hinstrebt, zeigt sich nicht nur in der erwähnten komischen Szene, die, völlig isoliert, überhaupt nichts beweisen würde, sondern die gesamte
Anlage ist davon geprägt. Sganarelles erste und
letzte Replik, Anfang und Ende des ganzen Stücks,
bezeugen dies mehr als genug. Sganarelle beginnt
mit einer Lobrede auf eine Prise Tabak, und daran
erkennt man unter anderem, daß er im Dienst dieses Don Juan nicht gar soviel zu tun haben kann;
am Ende beklagt er sich, daß ihm als einzigem
Unrecht geschehen ist. Wenn man nun bedenkt,
daß auch bei Molière das Standbild kommt und
Don Juan holt und daß Sganarelle diese Worte
sagt, obwohl auch er Zeuge des Entsetzlichen gewesen ist, so als wollte er sagen: Das Standbild,
dessen Beschäftigung es im übrigen ja war, auf Er-
den Gerechtigkeit zu üben und das Laster zu be-
strafen, hätte auch daran denken müssen, Sganarelle den ihm für lange und treue Dienste bei Don

Juan zustehenden Lohn auszuzahlen, worüber zu befinden sich sein Herr aufgrund seines plötzlichen Weggangs nicht in der Lage sah, – wenn man dies bedenkt, dann wird wohl jeder das Komische in Molières Don Juan empfinden. (Auch Heibergs Bearbeitung, die gegenüber Molières den Vorzug größerer Korrektheit hat, ruft auf mancherlei Weise eine komische Wirkung hervor, indem Sganarel eine zufällige Weisheit in den Mund gelegt wird, an der wir in ihm einen halbstudierten Räuber erkennen, der nach Versuchen in vieler Hinsicht schließlich als Diener bei Don Juan endet. Der Held des Stücks, Don Juan, ist nichts weniger als ein Held, er ist ein verunglücktes Subjekt, das vermutlich durchs Examen gefallen ist und nun einen anderen Lebensweg gewählt hat. Man erfährt zwar, daß er der Sohn eines sehr vornehmen Mannes ist, welcher ihn auch zu Tugend und unsterblichen Taten zu begeistern sucht, indem er ihm die großen Namen seiner Vorväter vorstellt – aber das ist im Zusammenhang mit seinem gesamten übrigen Auftreten so unwahrscheinlich, daß man dabei am ehesten auf den Gedanken kommt, ob das Ganze nicht eine Lüge sein sollte, die sich Don Juan selber ausgedacht hat. Sein Betragen ist wenig ritterlich, man sieht ihn nicht, wie er sich mit dem Degen in der Hand den Weg durch die Schwierigkeiten des Lebens bahnt, er teilt Ohrfeigen bald an den einen, bald an den anderen aus, ja, er gerät gar in eine Schlägerei mit dem Verlobten des einen Mädchens. Falls Molières Don Juan also wirklich ein Ritter ist, so versteht es der Dichter vorzüglich, uns das vergessen zu machen, und er bemüht sich deshalb, einen Raufbold vorzuführen, einen gewöhnlichen Flegel, der nicht bange ist, mit den Fäusten dreinzuschlagen. Wer jemals Gelegenheit hatte, das, was man einen Flegel nennt, aufmerksam zu beobachten, der weiß auch, daß diese Klasse von Menschen eine große Vorliebe für die See hat, und er wird es daher ganz richtig finden, daß Don Juan, der ein paar Weiberröcke ins Auge gefaßt hat, ihnen sogleich in einem Boot am Kallebostrand nacheilt – ein Sonntagsabenteuer auf See, und das Boot kentert. Don Juan und Sganarel setzen dabei fast das Leben zu und werden schließlich von Pedro und dem langen Lucas gerettet; beide hatten zuvor gewettet, ob es wirklich Menschen oder Steine wären, eine Wette, die Lucas 1 Mark 8 Schillinge kostet, was für Lucas und für Don Juan fast zu viel ist. Dieser Eindruck, den man für richtig hält, wird jedoch einen Augenblick gestört, wenn man erfährt, daß Don Juan gleichzeitig ein Kerl ist, der Elvire verführt, den Komtur ermordet hat usw., was einem höchst ungereimt vorkommt, und man muß es um der Harmonie willen abermals für eine Lüge erklären. Wenn uns Sganarel eine Vorstellung von jener Leidenschaft geben soll, die in Don Juan rast, dann ist sein Ausdruck derart travestiert, daß man sich das Lachen unmöglich verbeißen kann – so, wenn er zu Gusmann sagt, Don Juan würde, um die Gewünschte zu bekommen, auch Hund und Katze von ihr heiraten, ja, was schlimmer ist, dich selbst dazu; oder wenn er bemerkt, sein Herr sei nicht nur in der Liebe gottlos, sondern auch in der Medizin.)

Wenn nun die Molièresche Auffassung des Don Juan, als komische Bearbeitung gesehen, korrekt wäre, so würde ich sie nicht weiter hier erwähnen, denn ich habe in dieser Untersuchung nur mit der idealen Auffassung und mit der Bedeutung der Musik für sie zu tun. Dann könnte ich mich damit begnügen, auf den bemerkenswerten Umstand hinzuweisen, daß man nur in der Musik Don Juan ideal in jener Idealität aufgefaßt hat, die er in der traditionellen Vorstellung des Mittelalters besitzt. Das Fehlen einer idealen Auffassung im Medium des Worts könnte indirekt die Richtigkeit meines Satzes beweisen. Hier aber kann ich mehr tun, eben weil Molière nicht korrekt ist, und daran hat ihn gehindert, daß er etwas von dem Idealen in Don Juan bewahrt hat, wie es der traditionellen Vorstellung entspricht. Indem ich darauf hinweise, stellt sich abermals heraus, daß sich das Ideale doch wesentlich nur durch Musik ausdrükken läßt, und so komme ich wieder auf meine eigentliche These zurück.

Gleich im ersten Akt von Molières Don Juan hat Sganarelle eine sehr lange Replik, in der er uns eine Vorstellung von der grenzenlosen Leidenschaft seines Herrn und der Vielfältigkeit seiner Abenteuer geben will. Diese Replik entspricht völlig der zweiten Diener-Arie in der Oper. Ihre Wirkung ist jedoch ausschließlich komisch, und auch hier hat Heibergs Auffassung den Vorzug, daß das Komische in ihr unvermischter ist als bei Molière. Dieser unternimmt statt dessen einen Versuch, uns die Macht Don Juans ahnen zu lassen, doch die Wirkung bleibt aus – nur die Musik kann das vereinen, denn während das Register vor uns abrollt, beschreibt sie zugleich Don Juans Verhaltungsweise und läßt uns die Macht der Verführung hören.

Bei Molière kommt das Standbild im letzten Akt, um Don Juan zu holen. Obgleich nun der Dichter versucht hat, das Erscheinen des Standbilds durch eine vorausgeschickte Warnung zu motivieren, so bleibt dieser Stein doch stets ein dramatischer Stein des Anstoßes. Ist Don Juan ideal aufgefaßt, als Kraft, als Leidenschaft, so muß sich der Himmel selber in Bewegung setzen. Ist das nicht der Fall, dann ist die Anwendung derart starker Mittel stets bedenklich. Tatsächlich braucht der Komtur sich gar nicht zu bemühen, denn es ist ja viel naheliegender, daß Herr Paaske Don Juan ins Schuldgefängnis setzen läßt. Dies wäre ganz im

Geist der modernen Komödie, die nicht so große Mächte benötigt, um zu vernichten, eben weil die bewegenden Mächte selbst nicht so grandios sind. Es wäre ihr völlig gemäß, müßte Don Juan die trivialen Schranken der Wirklichkeit kennenlernen. In der Oper ist es ganz richtig, daß der Komtur wiederkehrt, da aber hat sein Auftreten auch ideale Wahrheit. Durch die Musik wird der Komtur sogleich etwas mehr als ein einzelnes Individuum, seine Stimme weitet sich aus zur Stimme eines Geistes. Daher wird er in der Oper ebenso wie Don Juan mit ästhetischem Ernst aufgefaßt. Bei Molière erscheint er mit ethischer Gravität und Schwere und wird dadurch fast lächerlich, in der Oper erscheint er mit ästhetischer Leichtigkeit, metaphysischer Wahrheit. Keine Macht im Stück, keine Macht in der Welt hat vermocht, Don Juan zu bezwingen, nur ein Geist, ein Wiedergänger vermag es. Dies, richtig verstanden, erhellt abermals die Auffassung des Don Juan. Ein Geist, ein Wiedergänger ist Reproduktion, dies ist das Geheimnis, das im Wiederkehren liegt, und Don Juan kann alles, kann allem widerstehen, nur nicht der Reproduktion des Lebens, eben weil er unmittelbar-sinnliches Leben ist, dessen Negation der Geist ist.

In Molières Auffassung wird Sganarelle zu einer unerklärlichen Person, deren Charakter sich im höchsten Grad verwirrt. Hier wirkt abermals störend, daß Molière etwas vom Traditionellen bewahrt hat. Daß Don Juan überhaupt eine Macht darstellt, zeigt sich auch in seinem Verhältnis zu Leporello. Dieser fühlt sich zu ihm hingezogen, von ihm überwältigt, er versinkt in ihm und wird zum bloßen Organ für den Willen seines Herrn. Jene dunkle, undurchsichtige Sympathie macht Leporello gerade zu einer musikalischen Person, und man findet es ganz in Ordnung, daß er sich von Don Juan nicht loszureißen vermag. Mit Sganarelle ist das eine andere Sache. Bei Molière ist Don Juan ein einzelnes Individuum, und Sganarelle tritt also zu ihm als einem Individuum ins Verhältnis. Fühlt sich Sganarelle nun unlöslich an ihn gebunden, dann ist es nicht mehr als eine billige ästhetische Forderung, dafür eine Erklärung zu verlangen. Es nützt gar nichts, wenn Molière ihn sagen läßt, er könne sich von Don Juan nicht losreißen, der Leser oder Zuschauer sieht dafür nämlich keinen vernünftigen Grund, und nach einem vernünftigen Grund wird eben hier gefragt. In der Oper ist Leporellos Unbeständigkeit wohl motiviert, denn im Verhältnis zu Don Juan ist er einem individuellen Bewußtsein näher, und daher reflektiert sich Don Juans Leben verschiedentlich in ihm, ohne daß er doch eigentlich imstande ist, es zu durchdringen. Auch bei Molière ist Sganarelle bald schlimmer, bald besser als Don Juan, es bleibt jedoch unbegreiflich, weshalb er ihn nicht verläßt, wo er nicht einmal seinen Lohn bekommt. Stellt man sich in Sganarelle eine Einheit vor, wie sie Leporellos sympathetisch-musikalischer Dunkelheit in der Oper entspricht, so kann sie nichts anderes als partielle Blödheit sein. Hier sieht man abermals ein Beispiel dafür, wie das Musikalische hervor muß, damit sich Don Juan in seiner wahren Idealität auffassen läßt. Molières Fehler besteht nicht darin, daß er ihn komisch aufgefaßt hat, sondern darin, daß er nicht korrekt gewesen ist.

Auch Molières Don Juan ist ein Verführer, aber das Stück gibt uns davon nur eine geringe Vorstellung. Zweifellos ist es in Hinblick auf die komische Wirkung bei Molière sehr richtig angelegt, daß Elvire Don Juans Gemahlin ist. Man sieht sogleich, daß man es mit einem gewöhnlichen Kerl zu tun hat, der Heiratsversprechen benutzt, um ein Mädchen zu betrügen. Elvire büßt dadurch all ihre ideale Haltung ein, die sie in der Oper besitzt, wo sie mit keinen anderen Waffen auftritt als denen beleidigter Weiblichkeit; hier dagegen stellt man sie sich mit Ehe-Dokumenten vor, und Don Juan verliert die verführerische Zweideutigkeit, daß er ein junger Mann und ein versuchter Ehemann ist, das heißt, versucht in allen Nebenbei-Versuchen. Wie er Elvire betrogen hat, mit welchen Mitteln er sie aus dem Kloster lockte, davon sollten uns wohl einige Repliken Sganarelles unterrichten; da uns aber die Verführungsszene des Stücks nicht

Gelegenheit bietet, Don Juans Kunst zu bewundern, wird das Vertrauen in jene Nachrichten freilich geschwächt. Wenn Molières Don Juan nun komisch wäre, dann wäre das auch nicht notwendig; da uns Molière aber selbst zu verstehen geben will, daß sein Don Juan wirklich jener Held Don Juan ist, der Elvire betört und den Komtur getötet hat, so ist sein Fehler leicht zu erkennen; und gleichzeitig wird man auf den Gedanken gebracht, ob der Grund dafür nicht eigentlich doch darin läge, daß sich Don Juan ohne die Hilfe der Musik als Verführer nun einmal nicht vorstellen läßt – falls man sich nicht, wie oben bemerkt, ins Psychologische begeben will, was jedoch kaum dramatisches Interesse haben kann. Auch daß er die beiden jungen Mädchen, Mathurine und Charlotte, betört, ist bei Molière nicht zu hören, die Betörung liegt außerhalb der Szene, und da uns Molière abermals vermuten läßt, Don Juan habe ihnen die Ehe versprochen, so ist auch hier von seinem Talent nicht viel zu halten. Ein Mädchen mit einem Heiratsversprechen zu betrügen, ist wahrlich eine armselige Kunst, und wenn jemand niedrig genug steht, um das zu tun, so folgt daraus keineswegs, daß er hoch genug stünde, um ein Don Juan genannt zu werden. Die einzige Szene, die den Anschein erweckt, als wollte sie uns Don Juan in seiner verführenden, wenngleich wenig verführerischen Aktivität vorstellen, ist die Szene mit Charlotte. Doch wenn man einem jungen Bauernmädchen sagt, sie sei schön, sie habe strahlende Augen, wenn man sie bittet, sich umzudrehen, damit man ihre Gestalt betrachten kann, so verrät das nicht die Ungewöhnlichkeit eines Don Juan, sondern einen liederlichen Kerl, der ein junges Mädchen besieht wie der Händler ein Pferd. Eine komische Wirkung kann man der Szene schon zugestehen, und wenn sie keine andere als solche haben sollte, würde ich sie hier nicht erwähnen. Da aber dieser notorische Versuch in keinem Verhältnis zu jenen zahlreichen Historien steht, die Don Juan hinter sich haben muß, trägt die Szene wiederum direkt oder indirekt dazu bei, die Unvollkommenheit der Komödie zu beweisen. Es sieht so aus, als habe Molière etwas mehr aus Don Juan machen, als habe er das Ideale in ihm beibehalten wollen, doch es fehlt ihm das Medium, und daher fällt alles, was wirklich passiert, recht unbedeutend aus. Überhaupt kann man sagen: daß Don Juan ein Verführer ist, erfahren wir in Molières Stück nur historisch, dramatisch sieht man es nicht. Die Szene, wo er sich am aktivsten zeigt, ist die Szene mit Charlotte und Mathurine, beide hält er mit Gerede auf und bildet jeder einzelnen beharrlich ein, sie sei diejenige, welcher er die Ehe versprochen. Was dabei aber unsere Aufmerksamkeit beschäftigt, ist nicht Don Juans verführende Kunst, sondern eine ganz gewöhnliche Theaterintrige.

Diese Darstellung kann ich abschließend vielleicht dadurch beleuchten, daß ich auf eine häufig
gemachte Bemerkung eingehe, derzufolge Molières Don Juan moralischer sei als Mozarts. Richtig
verstanden, ist das indessen gerade eine Lobrede
auf die Oper. In der Oper wird vom Verführer
nicht nur geredet – Don Juan *ist* ein Verführer,
und man kann nicht leugnen, daß die Musik in
ihren Einzelheiten oft verführerisch genug sein
kann. So soll es auch sein, und dies eben ist ihre
Größe. Die Oper deshalb als unmoralisch zu bezeichnen, ist eine Torheit, die nur von Leuten
kommen kann, die nicht verstehen, eine Ganzheit
aufzufassen, sondern von Einzelheiten gefangen
werden. Die definitive Tendenz der Oper ist in
hohem Grad moralisch, und ihr Eindruck ist absolut wohltuend, denn alles ist groß, alles hat echtes,
ungeschminktes Pathos, die Leidenschaft der Lust
nicht weniger als des Ernstes, die des Genusses
nicht weniger als des Zorns.

3. *Der innere musikalische Bau der Oper*

Obwohl die Überschrift dieses Abschnitts bereits
als ausreichende Erläuterung angesehen werden
darf, will ich doch sicherheitshalber darauf aufmerksam machen, daß ich natürlich keineswegs
beabsichtige, hier eine ästhetische Würdigung des
Stückes Don Juan oder einen Nachweis der dramatischen Struktur des Textes zu geben. Vor einer

solchen Unterscheidung sollte man sich stets hüten, insbesondere bei einem klassischen Werk. Was ich nämlich schon oft im vorhergehenden betont habe, das will ich hier noch einmal wiederholen: Don Juan läßt sich nur musikalisch ausdrücken, das habe ich selbst wesentlich durch die Musik erfahren, und ich sollte daher in jeder Hinsicht den Eindruck vermeiden, als ob die Musik auf eine äußerliche Weise hinzukäme. Wenn man die Sache nämlich so behandelt, dann mag man die Musik in dieser Oper von mir aus soviel bewundern, wie man will – ihre absolute Bedeutung hat man nicht erfaßt. Einer solchen falschen Abstraktion hat sich Hotho nicht enthalten können, und daher kommt es, daß man seine Darstellung für unbefriedigend ansehen muß, wie talentvoll sie ansonsten ist. Sein Stil, seine Darstellung, seine Reproduktion sind lebhaft und bewegt; seine Kategorien sind unbestimmt und schweben, seine Auffassung des Don Juan ist nicht von *einem* Gedanken durchdrungen, sondern aufgelöst in viele. Für ihn ist Don Juan ein Verführer. Schon diese Kategorie ist unbestimmt, und doch muß bestimmt sein, in welchem Sinn er das ist, wie ich es auch zu tun versucht habe. Von diesem Verführer werden nun an sich viele wahre Dinge gesagt; da hier aber allgemeine Vorstellungen viel zu stark überwiegen dürfen, wird ein solcher Verführer bald derart reflektiert, daß er aufhört, absolut musikalisch zu sein. Hotho behandelt das Stück Szene für Szene, sein Referat ist frisch durchtränkt von seiner Individualität, an einzelnen Stellen vielleicht ein wenig zu sehr. Dem schließen sich oft sympathetische Ergüsse an, wie schön und reich und vielfältig Mozart alles das ausgedrückt hat. Diese lyrische Freude über Mozarts Musik ist jedoch zu wenig, und wie gut sie dem Mann auch steht und wie schön er sich auch auszudrücken weiß – Mozarts Don Juan wird mit dieser Auffassung nicht in seiner absoluten Gültigkeit anerkannt. Diese Anerkennung ist das Ziel meines Bemühens, denn sie ist identisch mit der rechten Einsicht dessen, was Gegenstand der vorliegenden Untersuchung ist. Daher will ich nicht die gesamte Oper, wohl aber die Oper in ihrer Gesamtheit zum Gegenstand der Betrachtung machen, ich will ihre einzelnen Teile nicht für sich besprechen, sondern sie nach Möglichkeit in die Betrachtung inkorporieren, ich will sie nicht losgelöst, sondern in Verbindung zum Ganzen sehen.

In einem Drama konzentriert sich das Hauptinteresse ganz natürlich auf das, was man als den Helden des Stücks bezeichnet; im Verhältnis zu ihm sind die übrigen Personen nur von untergeordneter und relativer Bedeutung. Je mehr indessen die innere Reflexion mit ihrer unterscheidenden Macht im Drama durchdringt, um so mehr nehmen auch die Nebenpersonen eine gewisse

Absolutheit an – wenn ich so sagen darf. Dies ist keineswegs ein Fehler, sondern im Gegenteil ein Vorzug – wie auch jene Betrachtung der Welt, die nur die einzelnen herausragenden Individuen und deren Bedeutung in der Weltentwicklung unterscheiden kann, dagegen die subalternen nicht wahrnimmt, in einem gewissen Sinn zwar höher steht, jedoch niedriger ist als jene, die auch das Geringere in seiner ebenso großen Gültigkeit sieht. Dies wird dem Dramatiker nur dann gelingen, wenn nichts Inkommensurables zurückbleibt, nichts von jener Stimmung, aus der das Drama hervorgeht, nichts von jener Stimmung qua[39] Stimmung, sondern alles in die heilige Münze des Dramas umgesetzt ist: in Handlung und Situation. Im selben Grad, wie dies dem Dramatiker gelingt, im selben Grad ist auch der Totaleindruck, den sein Werk hinterläßt, weniger eine Stimmung als ein Gedanke, eine Idee. Je mehr der Totaleindruck eines Dramas eine Stimmung ist, desto sicherer kann man sein, daß es der Dichter selber in der Stimmung ahnte und sukzessiv daraus entstehen ließ, daß er nicht von der Idee ausging und sie dramatisch zur Entfaltung brachte. Ein solches Drama leidet an einem abnormen Übergewicht des Lyrischen. Das ist bei einem Drama ein Fehler, keineswegs aber bei einer Oper. Die Einheit in der Oper wird von jenem Grundton bewahrt, der das Ganze trägt.

Was hier über die dramatische Totalwirkung gesagt ist, trifft auch für die einzelnen Teile des Dramas zu. Sollte ich die Wirkung des Dramas, insoweit sie sich von der jeder anderen Dichtart unterscheidet, mit einem Wort bezeichnen, so würde ich sagen: das Drama wirkt durch das Gleichzeitige. Im Drama sehe ich die nebeneinanderstehenden Momente zusammen in der Situation, in der Einheit der Handlung. Je mehr nun die diskreten[40] Momente ausgesondert sind, je tiefer die dramatische Situation durchreflektiert ist, um so weniger ist die dramatische Einheit eine Stimmung, um so mehr ist sie ein bestimmter Gedanke. Aber ebenso wie die Totalität der Oper nicht so durchreflektiert sein kann wie im eigentlichen Drama, so ist auch die musikalische Situation zwar dramatisch, hat ihre Einheit jedoch in der Stimmung. Die musikalische Situation hat das Gleichzeitige wie jede dramatische Situation, doch die Wirksamkeit der Kräfte ist ein Zusammenklingen, ein Zusammenstimmen, ist Harmonie, und der Eindruck der musikalischen Situation ist jene Einheit, die entsteht, wenn man zusammenhört, was da zusammenklingt. Je mehr das Drama durchreflektiert ist, um so mehr ist die Stimmung zu Handlung verklärt. Je weniger Handlung, um so stärker überwiegt das lyrische Moment. Dies ist in der Oper ganz in Ordnung. Der immanente Zweck der Oper liegt nicht so sehr in Charakterschilderung und Handlung, dafür ist sie nicht reflektiert genug, sondern in der Oper findet die unreflektierte, substantielle Leidenschaft ihren Ausdruck. Die musikalische Situation liegt in der Einheit der Stimmung, die sich in der gesonderten Mehrheit der Stimmen herstellt. Dies eben ist das Eigentümliche der Musik, daß sie in der Einheit der Stimmung die Mehrzahl der Stimmen zu bewahren vermag. Im alltäglichen Sprachgebrauch bezeichnet man mit dem Wort Stimmenmehrheit häufig eine Einheit, die das endgültige Resultat darstellt; in der Musik ist das nicht der Fall.

Das dramatische Interesse verlangt ein rasches Vorwärtsschreiten, einen bewegten Takt, man könne es als immanent wachsende Geschwindigkeit des Falls bezeichnen. Je mehr das Drama von Reflexion durchdrungen ist, um so unaufhaltsamer eilt es voran. Wenn dagegen das lyrische oder epische Moment einseitig überwiegt, so äußert sich dies in einer gewissen Betäubung, welche die Situation einschläfert und den dramatischen Prozeß und Fortgang hemmt und lähmt. Das Wesen der Oper kennt ein solches Hasten nicht, für sie ist ein gewisses Verweilen eigentümlich, ein gewisses Sich-Ausbreiten in Zeit und Raum. Die Handlung hat weder Geschwindigkeit noch Richtung des Falls, sondern bewegt sich mehr horizontal. Die Stimmung ist nicht in Charakter und Handlung sublimiert. Demzufolge kann die Handlung einer Oper nur unmittelbare Handlung sein.

Das hier Entwickelte auf die Oper Don Juan angewendet, gibt uns Gelegenheit, sie in ihrer wahren klassischen Gültigkeit zu erkennen. Don Juan ist der Held der Oper, auf ihn ist das Hauptinteresse konzentriert; doch nicht nur das, er verleiht auch allen anderen Personen Interesse. Dies ist jedoch keineswegs in irgendeinem äußeren Sinn zu verstehen, sondern das Geheimnis dieser Oper besteht gerade darin, daß ihr Held gleichzeitig die Kraft in den übrigen Personen ist – Don Juans Leben ist ihr Lebensprinzip. Seine Leidenschaft setzt die Leidenschaft der anderen in Bewegung, seine Leidenschaft klingt überall wider, sie klingt wider im Ernst des Komturs und trägt ihn, sie klingt wider in Elviras Zorn, Annas Haß, Ottavios Wichtigkeit, Zerlines Angst, Masettos Verbitterung, Leporellos Verwirrung. Als Held der Oper ist Don Juan der Nenner des Stücks, als Held gibt er dem Stück allgemein seinen Namen, doch ist er mehr, er ist, wenn ich so sagen darf, der Generalnenner. Im Verhältnis zu ihm ist alle andere Existenz nur deriviert. Wenn man nun von einer Oper fordert, daß ihre Einheit ein Grundton sei, so wird man unschwer erkennen, daß sich für eine Oper keine vollkommenere Aufgabe denken läßt als Don Juan. Der Grundton kann nämlich im Verhältnis zu den Kräften des Stücks ein Drittes sein und diese tragen. Als Beispiel für eine solche Oper würde ich »Die weiße Dame«[41] anführen; doch im Zusammenhang mit der Oper ist eine solche Einheit eine mehr äußere Bestimmung des Lyrischen. Im Don Juan ist der Grundton kein anderer als die Grundkraft der Oper selbst, diese ist Don Juan, und er ist – eben weil er nicht Charakter, sondern wesentlich Leben ist – absolut musikalisch. Auch die übrigen Personen der Oper sind nicht Charaktere, sondern wesentlich Leidenschaften, die durch Don Juan gesetzt sind und insofern wiederum musikalisch werden. Wie nämlich Don Juan alle umschlingt, so schlingen diese sich um Don Juan, sie sind die äußeren Konsequenzen, die sein Leben beständig selber setzt. Durch diese absolute Zentralität, die das musikaliche Leben Don Juans in der Oper besitzt, kann diese eine Macht der Illusion ausüben wie keine andere, so daß man in jenes Leben hineingerissen wird, wie es im Stück ist. Da in dieser Musik das Musikalische allgegenwärtig ist, kann man ein einzelnes kleines Teil von ihr genießen und wird doch augenblicklich hingerissen; man kann mitten in das Stück kommen und ist im selben Augenblick im Zentralen, denn dieses Zentrale, Don Juans Leben, ist überall. Es ist eine alte Erfahrung, daß es unangenehm ist, zwei Sinne gleichzeitig anzustrengen, und so ist es oft störend, wenn man zur selben Zeit, da das Ohr beschäftigt ist, das

Auge sehr bemühen muß. Deshalb neigt man dazu, beim Hören von Musik die Augen zu schließen. Dies gilt mehr oder weniger für jede Musik, für den Don Juan *in sensu eminentiori*[42]. Sobald das Auge beschäftigt ist, wird der Eindruck gestört, denn im Vergleich zu jener musikalischen Einheit, die zusammengehört wird, ist die dramatische Einheit, die sich ihm darbietet, völlig untergeordnet und mangelhaft. Davon hat mich meine eigene Erfahrung überzeugt. Ich habe in der Nähe gesessen, ich habe mich mehr und mehr entfernt, ich habe einen Winkel des Theaters aufgesucht, um mich in dieser Musik ganz zu verstecken. Je besser ich sie verstanden oder zu verstehen glaubte, um so weiter rückte ich von ihr ab, nicht aus Kälte, sondern aus Liebe, denn sie will auf Abstand verstanden sein. Dies ist in meinem Leben eigenartig-rätselhaft gewesen. Ich habe Zeiten gekannt, da ich alles für ein Billett gegeben hätte, jetzt brauche ich dafür nicht einmal 1 Reichstaler zu geben. Ich stehe draußen auf dem Gang, ich lehne mich gegen die Scheidewand, die mich von den Plätzen der Zuschauer trennt – da wirkt die Musik am stärksten, da ist sie eine Welt für sich, abgesondert von mir, ich kann nichts sehen, bin aber nah genug, um zu hören, und doch so unendlich fern.

Weil die in der Oper auftretenden Personen nicht so durchreflektiert zu sein brauchen, daß sie als Charaktere durchsichtig werden, kann auch, wie im vorhergehenden betont, die Situation nicht vollkommen entwickelt oder entfaltet sein, sondern wird bis zu einem bestimmten Grad von einer Stimmung getragen. Dasselbe trifft für die Handlung in einer Oper zu. Was man in strengerem Sinn eine Handlung nennt, die im Bewußtsein seines Zwecks ausgeübte Tätigkeit, kann seinen Ausdruck nicht in Musik finden, wohl aber, was man unmittelbare Handlung nennen könnte. Beides ist im Don Juan der Fall. Die Handlung ist unmittelbare Handlung – hier muß ich auf das Vorhergehende verweisen, wo ich entwickelt habe, in welcher Bedeutung Don Juan ein Verführer ist. Weil die Handlung unmittelbare Handlung ist, ist es auch ganz in Ordnung, daß in diesem Stück die Ironie vorherrscht, denn die Ironie ist und bleibt der Zuchtmeister des unmittelbaren Lebens. So ist die Wiederkehr des Komturs, um nur ein Beispiel zu nennen, eine ungeheure Ironie; denn Don Juan vermag jedes Hindernis zu besiegen, doch einen Wiedergänger kann man bekanntlich nicht totschlagen. Die Situation wird völlig von der Stimmung getragen, in dieser Hinsicht darf ich an Don Juans Bedeutung für das Ganze und die relative Existenz der übrigen Personen im Verhältnis zu ihm erinnern. Indem ich auf eine einzelne Situation näher eingehe, will ich erklären, was ich meine. Ich wähle dafür die erste Arie der Elvira. Das Orchester spielt das Vorspiel,

Elvira tritt auf. Die Leidenschaft, die in ihrem Busen rast, muß Luft haben, und der Gesang verhilft ihr dazu. Für eine eigentliche Situation wäre dies indessen allzu lyrisch, dann hätte ihre Arie denselben Charakter wie der Monolog in einem Drama. Der Unterschied wäre nur der, daß der Monolog weitergehend das Universelle individuell, die Arie das Individuelle universell darbietet. Dies aber wäre, wie gesagt, für eine Situation zu wenig. Deshalb ist es auch nicht so. Im Hintergrund sieht man Don Juan und Leporello in gespannter Erwartung, daß jene Dame, die sie am Fenster schon bemerkt haben, zum Vorschein kommen möge. Hätten wir nun ein Drama, so läge die Situation nicht darin, daß Elvira im Vordergrund und Don Juan im Hintergrund steht, sondern im unerwarteten Zusammenstoß. Das Interesse würde sich darauf konzentrieren, wie Don Juan aus der Klemme käme. Auch in der Oper ist der Zusammenstoß von Bedeutung, sie ist jedoch sehr untergeordnet. Der Zusammenstoß will gesehen, die musikalische Situation gehört werden. Die Einheit der Situation ist nun jene Übereinstimmung, in der Elvira und Don Juan zusammenklingen. Daher ist es auch ganz richtig, daß sich Don Juan möglichst weit im Hintergrund hält; denn er soll nicht nur für Elvira, sondern auch für den Zuschauer unsichtbar sein. Elviras Arie beginnt. Für ihre Leidenschaft weiß ich keine andere Bezeichnung als Liebes-Haß, eine gemischte und doch klangvolle, tönende Leidenschaft. Ihr Inneres ist in unruhiger Bewegung, sie hat sich Luft gemacht, sie ermattet für einen Augenblick, denn jeder leidenschaftliche Ausbruch ermattet, in der Musik folgt eine Pause. Doch die Bewegung in ihrem Inneren deutet zur Genüge darauf hin, daß die Leidenschaft noch nicht vollends zum Ausbruch gekommen ist – das Zwerchfell des Zorns muß noch stärker erschüttert werden. Was aber kann diese Erschütterung hervorrufen, welcher Anreiz? Es kann nur eins sein – Don Juans Spott. Darum hat Mozart – wäre ich ein Grieche, würde ich sagen, ganz göttlich – die Pause benutzt, um Don Juans Spott hineinzuschleudern. Nun lodert die Leidenschaft heftiger, noch gewaltsamer bricht sie sich in Elvira und bricht in Tönen hervor. Noch einmal wiederholt sich das, da erbebt ihr Inneres, da brechen Zorn und Schmerz in dem bekannten Lauf, mit dem die Arie endet, wie ein Lavastrom hervor. Hier erkennt man, was ich meine, wenn ich sage, daß Don Juan in Elvira widerklingt – und daß es keine Phrase ist. Der Zuschauer soll Don Juan nicht sehen, er soll ihn in der Einheit der Situation nicht zusammen mit Elvira sehen, er soll ihn in Elvira hören, aus Elvira hören, denn wohl ist es Don Juan, der da singt, doch je besser das Ohr des Zuschauers entwickelt ist, um so mehr hat er den Eindruck, als käme dieser Gesang von Elvira selbst.

Wie sich die Liebe ihren Gegenstand erschafft, so auch die Verbitterung. Elvira ist von Don Juan besessen. Diese Pause und Don Juans Stimme lassen die Situation dramatisch werden, doch die Einheit in Elviras Leidenschaft, in der Don Juan widerklingt und die andererseits von ihm gesetzt ist, macht die Situation musikalisch.* Die Situation ist, als musikalische Situation betrachtet, unvergleichlich. Wenn dagegen Don Juan wie Elvira Charaktere sind, dann ist die Situation verfehlt, dann ist es verkehrt, daß man Elvira im Vorder-

* So wären nach meiner Meinung Elviras Arie und die Situation aufzufassen. Don Juans unvergleichliche Ironie sollte nicht ausgeschlossen, sondern in Elviras substantieller Leidenschaft eingeschlossen sein. Dies muß zusammen gehört werden. Wie das spekulative Auge zusammen sieht, so hört das spekulative Ohr zusammen. Ich will ein Beispiel aus dem rein Physischen nehmen. Wenn ein Mensch von einem hohen Standpunkt über eine flache Gegend schaut und verschiedene Landstraßen sieht, die parellel zueinander laufen, so wird er, falls er die Intuition nicht hat, nur die Landstraßen sehen, und die dazwischenliegenden Felder würden gleichsam verschwinden; wer aber den intuitiven Blick besitzt, der sieht sie zusammen, er sieht die ganze Gegend gestreift. So ist es auch mit dem Ohr. Das hier Gesagte gilt natürlich für die musikalische Situation; bei der dramatischen kommt hinzu, daß der Zuschauer weiß, daß Don Juan im Hintergrund und Elvira im Vordergrund stehen. Nehme ich nun an, daß der Zuschauer ihr früheres Verhältnis kennt (was ihm beim erstenmal nicht möglich ist), so gewinnt die Situation sehr viel, dann aber wäre es verkehrt – falls der Akzent darauf liegen sollte –, die beiden so weit voneinander zu entfernen.

grund sich expektorieren und Don Juan im Hintergrund spotten läßt; denn dann wird verlangt, daß ich sie zusammen höre, obgleich das Mittel dafür nicht gegeben ist und obgleich sie als Charaktere unmöglich zusammenklingen können. Sind sie Charaktere, so ist die Situation der Zusammenstoß.

Wie oben bemerkt, wird in der Oper anders als im Drama nicht das dramatische Eilen, die Geschwindigkeit des sich beschleunigenden Anlaufs verlangt – hier kann sich die Situation ein wenig ausbreiten. Das darf indessen nicht zu einem völligen Stillstand ausarten. Als Beispiel für die wahre Mitte kann ich die eben erwähnte Situation hervorheben, nicht weil sie die einzige oder die vollkommenste im Don Juan wäre – im Gegenteil, sie sind alle so und alle vollkommen –, sondern weil der Leser sie am besten in Erinnerung hat. Und doch, hier nähere ich mich einem mißlichen Punkt; denn ich gestehe, es gibt zwei Arien, die weg müssen, die, wie vollendet sie auch in sich sind, störend, retardierend wirken. Ich würde gern ein Geheimnis daraus machen – doch es hilft nun nichts, die Wahrheit muß an den Tag. Nimmt man sie weg, dann ist alles übrige gleich vollendet. Die eine Arie gehört Ottavio, die zweite Anna, beide sind sie mehr Konzertnummern als dramatische Musik, wie überhaupt Ottavio und Anna viel zu unbedeutende Personen sind, als daß sie den Gang aufhalten dürften. Wenn man sie wegnimmt, dann besitzt die Oper im übrigen vollkommen musikalisch-dramatische Geschwindigkeit, vollkommen wie keine andere.

Es würde die Mühe wohl lohnen, Stück für Stück jede einzelne Situation zu behandeln, nicht um sie mit Ausrufezeichen zu versehen, sondern um ihre Bedeutung, ihre Gültigkeit als musikalische Situation zu zeigen. Indessen liegt es nicht in den Grenzen der vorliegenden kleinen Untersuchung. Hier war es vor allem wichtig, Don Juans Zentralität in der ganzen Oper hervorzuheben. Etwas Ähnliches wiederholt sich in Hinblick auf die einzelnen Situationen.

Jene erwähnte Zentralität, die Don Juan in der Oper besitzt, will ich ein wenig mehr beleuchten, indem ich die übrigen Personen des Stücks im Verhältnis zu ihm betrachte. Wie die dunklen Körper in einem Sonnensystem, die ihr Licht von der zentralen Sonne empfangen, stets nur zur Hälfte, nämlich auf jener Seite hell sind, die der Sonne zugewandt ist - so wird auch bei den Personen in diesem Stück nur jenes Lebensmoment, jene Seite beleuchtet, die sich Don Juan zuwendet, im übrigen sind sie dunkel und undurchsichtig. Das darf man nicht so beschränkt verstehen, als würde jede dieser Personen irgendeine abstrakte Leidenschaft verkörpern, z. B. Anna den Haß, Zerline den Leichtsinn. Derartige Geschmacklosigkeiten gehören am allerwenigsten hierher. Die Leidenschaft in dem einzelnen ist konkret, jedoch konkret in sich selbst, nicht konkret in der Persönlichkeit, oder um mich genauer auszudrücken: diese Leidenschaft hat alles andere von der Persönlichkeit verschlungen. Das ist absolut richtig, denn wir haben es mit einer Oper zu tun. Diese Dunkelheit, diese teils sympathische, teils antipathetische, geheimnisvolle Kommunikation mit Don Juan läßt sie allesamt musikalisch werden und bewirkt, daß die ganze Oper in Don Juan zusammenklingt. Die einzige Figur des Stücks, die eine Ausnahme zu machen scheint, ist natürlich der Komtur; daher ist es auch wohlweislich so eingerichtet, daß er bis zu einem gewissen Grad außerhalb steht oder das Stück begrenzt; im gleichen Maß, wie der Komtur vorgezogen würde, würde die Oper aufhören, absolut musikalisch zu sein. Deshalb wird er ständig im Hintergrund gehalten und bleibt so nebelhaft wie möglich. Der Komtur ist der kraftvolle Vordersatz und der kühne Nachsatz, zwischen denen Don Juans Zwischensatz liegt, der reiche Inhalt dieses Zwischensatzes aber ist der Gehalt der Oper. Nur zweimal tritt der Komtur auf. Beim erstenmal ist es Nacht, im Hintergrund der Bühne, man kann ihn nicht sehen, sondern hört, wie er von Don Juans Degen fällt. Schon hier ist sein Ernst, der sich durch Don Juans parodierenden Spott um so stärker zeigt, was Mo-

zart vortrefflich in der Musik ausgedrückt hat –
schon hier ist sein Ernst zu tief, um einem Menschen zu gehören; der Komtur ist Geist, bevor er
stirbt. Das zweitemal erscheint er als Geist, und
des Himmels Donnerstimme tönt in seiner ernsten, feierlichen Rede, und wie er selbst verklärt
ist, so ist auch seine Stimme verklärt und mehr als
eine menschliche Stimme – er spricht nicht mehr,
er richtet.

Nach Don Juan ist die wichtigste Person im
Stück offenbar Leporello. Sein Verhältnis zum
Herrn wird gerade durch die Musik erklärlich und
wäre unerklärlich ohne sie. Wäre Don Juan eine
reflektierte Persönlichkeit, dann wäre Leporello
fast ein noch größerer Schurke als er, und es wäre
unerklärlich, wieso Don Juan eine so große Macht
auf ihn auszuüben vermag, und als einziges Motiv
käme dafür in Frage, daß Don Juan ihn besser be-
zahlen kann als alle anderen, ein Motiv, daß nicht
einmal Molière brauchbar erschien, denn bei ihm
ist Don Juan in Geldverlegenheit. Halten wir Don
Juan dagegen als unmittelbares Leben fest, so ist
leicht zu verstehen, daß er einen entscheidenden
Einfluß auf Leporello ausüben kann, daß er ihn as-
similiert und ihn fast in ein Organ verwandelt. In
gewissem Sinn ist Leporello einem persönlichen
Bewußtsein näher als Don Juan, um jedoch per-
sönliches Bewußtsein zu werden, müßte er sich
über sein Verhältnis zu Don Juan im klaren sein,

das aber kann er nicht, er kann den Zauber nicht lösen. Wiederum trifft für ihn zu, daß er uns durchsichtig werden muß, sobald man ihm Repliken gibt. Auch in Leporellos Verhältnis zu Don Juan liegt etwas Erotisches, es ist eine Macht, die ihn gegen seinen Willen fesselt; in dieser Zweideutigkeit aber ist er musikalisch, und Don Juan klingt ständig in ihm wieder; ich werde später ein Beispiel anführen, um zu beweisen, daß dies mehr als eine Phrase ist.

Mit Ausnahme des Komturs stehen alle Personen in einer Art von erotischem Verhältnis zu Don Juan. Über den Komtur kann er keine Macht ausüben, der ist Bewußtsein; die anderen sind in seiner Macht. Elvira liebt ihn, dadurch ist sie in seiner Macht, Anna haßt ihn, dadurch ist sie in seiner Macht, Zerline fürchtet ihn, dadurch ist sie in seiner Macht, Ottavio und Masetto sind einbezogen, weil sie verschwägert sind, denn die Bande des Blutes sind empfindlich.

Wenn ich nun einen Augenblick auf das hier Entwickelte zurückschaue, so wird der Leser vielleicht erkennen, daß hier abermals von mehreren Seiten dargelegt wurde, in welchem Verhältnis die Idee Don Juan zum Musikalischen steht, wie dieses Verhältnis die gesamte Oper konstituiert, wie sich das in ihren einzelnen Teilen wiederholt. Hier könnte ich wohl stehenbleiben, doch einer äußeren Vollständigkeit halber will ich eine Erklärung hinzufügen und darum ein paar einzelne Stücke durchgehen. Die Wahl soll nicht willkürlich fallen. Ich wähle dafür die Ouvertüre, die den Grundton der Oper wohl am ehesten in einer zusammengedrängten Konzentration darbietet, ich wähle danach das am meisten epische und am meisten lyrische Moment des Stücks, um zu zeigen, wie selbst an der äußeren Grenze die Vollkommenheit der Oper bewahrt, das Musikalisch-Dramatische beibehalten, wie Don Juan derjenige ist, der die Oper musikalisch trägt.

Es ist hier nicht der Ort, um die Bedeutung der Ouvertüre für die Oper überhaupt darzulegen, nur so viel läßt sich hervorheben, daß schon der Umstand, daß eine Oper eine Ouvertüre fordert, das Übergewicht des Lyrischen hinlänglich beweist und daß damit eine Stimmung hervorgerufen werden soll – etwas, worauf sich das Drama nicht einlassen kann, denn hier soll alles durchsichtg sein. Deshalb ist es richtig, wenn die Ouvertüre zuletzt komponiert wird, damit der Künstler selbst von der Musik recht durchdrungen ist. Die Ouvertüre läßt daher im allgemeinen tiefen Einblick in den Komponisten und in sein seelisches Verhältnis zur Musik nehmen. Ist es ihm nicht gelungen, das Zentrale darin festzuhalten, steht er nicht in einer tieferen Wechselbeziehung zur Grundstimmung der Oper, dann wird sich das in der Ouvertüre unmißverständlich verraten, dann wird diese ein von loser Ideenassoziation durchwundenes Aggregat der auffälligen Punkte, doch keine Totalität, die, wie es eigentlich sein sollte, die tiefsten Auskünfte über den Inhalt der Musik enthält. Eine solche Ouvertüre ist daher im allgemeinen auch völlig willkürlich, sie kann nämlich beliebig lang oder kurz sein, und weil das zusammenhaltende Element, das Kontinuierliche nichts weiter als Ideenassoziation ist, kann es nach Belieben breitgetreten werden. Aus diesem Grund ist die Ouvertüre für zweitrangige Komponisten oft eine gefährliche Versuchung, sie werden nämlich leicht dazu verleitet, sich selbst zu plagiieren, aus ihrer eigenen Tasche zu stehlen, und das wirkt sehr störend. Es ist also klar, daß die Ouvertüre nicht dasselbe wie die Oper enthalten soll, natürlich soll sie auch nichts absolut anderes enthalten. Sie soll dasselbe enthalten wie das Stück, jedoch auf eine andere Weise, sie soll es zentral enthalten und den Zuhörer mit der ganzen Macht des Zentralen pakken.

In dieser Hinsicht ist und bleibt die allzeit bewunderte Ouvertüre des Don Juan ein vollendetes Meisterwerk; und ließe sich kein anderer Beweis für die Klassizität des Don Juan beibringen, so reichte es aus, dieses eine, das Undenkbare hervorzuheben, daß derjenige, der das Zentrale hätte, nicht auch das Peripherische haben sollte. Diese Ouvertüre ist kein Durcheinander von Themen, sie ist nicht labyrinthisch von Ideenassoziationen durchwunden, sie ist konzis, bestimmt, stark gebaut, und vor allem, sie ist imprägniert vom Wesen der ganzen Oper. Sie ist kraftvoll wie ein Gedanke Gottes, bewegt wie das Leben einer Welt, erschütternd in ihrem Ernst, zitternd in ihrer Lust, vernichtend in ihrem furchtbaren Zorn, begeisternd in ihrer lebenslustigen Freude, sie ist dumpf in ihrem Strafgericht, gellend in ihrer Lust, sie ist langsam-feierlich in ihrer imponierenden Würde, sie ist bewegt, flatternd, tanzend in ihrer Freude. Und dies hat sie nicht dadurch erreicht, daß sie der Oper das Blut aussog, im Gegenteil, im Verhältnis zur Oper ist sie eine Prophetie. In der Ouvertüre entfaltet die Musik ihren ganzen Umfang, mit ein paar mächtigen Flügelschlägen überschwebt sie gleichsam sich selbst, überschwebt sie jenen Ort, an dem sie sich niederlassen will. Sie ist ein Kampf, jedoch ein Kampf in den höheren Regionen der Luft. Wer die Ouvertüre hört, nachdem er mit der Oper schon höhere Bekanntschaft geschlossen hat, dem wird es vielleicht vorkommen, als sei er bis in die verborgene Werkstatt vorgedrungen, wo sich die Kräfte, die er im Stück kennenlernte, urkräftig regen, wo sie mit aller Macht miteinander ringen. Indes, der Streit ist zu ungleich, die eine Macht ist schon vor der Schlacht Sieger, die zweite flieht und weicht zurück, doch diese Flucht ist eben ihre Leidenschaft, die bren-

nende Unruhe ihrer kurzen Lebensfreude, der ja-
gende Puls ihrer leidenschaftlichen Hitze. Damit
setzt sie die andere Macht in Bewegung und reißt
sie mit sich fort. Diese, die sich zu Anfang so uner-
schütterlich sicher zeigte, daß sie fast unbeweglich
war, muß sich nun aufmachen, und bald wird die
Bewegung so schnell, daß es wie ein wirklicher
Streit erscheint. Das näher auszuführen ist nicht
möglich, hier gilt es, die Musik zu hören, denn der
Streit ist kein Wortstreit, sondern ein elementari-
sches Rasen. Ich darf lediglich darauf aufmerksam
machen, was auch schon vorher dargelegt wurde,
daß das Interesse der Oper Don Juan ist, nicht
Don Juan und der Komtur – dies zeigt sich bereits
in der Ouvertüre. Mit Fleiß scheint es Mozart so
angelegt zu haben, daß jene tiefe Stimme, die zu
Beginn erklingt, allmählich schwächer und schwächer wird, gleichsam ihre majestätische Haltung
fast verliert, sie muß eilen, um dem dämonischen
Hasten zu folgen, das vor ihr ausweicht und doch
beinah mächtig genug wird, um sie herabzuwürdi-
gen, sie hinzureißen zu einem Wettlauf in der
Kürze des Augenblicks. Damit wird mehr und
mehr der Übergang zum eigentlichen Stück gebildet. Infolgedessen ist das Finale in einem engen
Verhältnis zum ersten Teil der Ouvertüre vorzu-
stellen. Im Finale ist der Ernst wieder zu sich selbst
gekommen, während es im Verlauf der Ouvertüre
schien, als wäre er außer sich; nun ist nicht mehr

die Rede davon, mit der Lust um die Wette zu laufen, der Ernst kehrt zurück und hat damit jeden
Ausweg für einen neuen Wettlauf abgeschnitten.

Während die Ouvertüre einerseits selbständig
ist, muß sie andererseits als ein Anlauf zur Oper
angesehen werden. Dies habe ich im Vorhergehenden versucht dem Leser ins Gedächtnis zu rufen, indem ich ihn daran erinnerte, daß die eine
Macht sukzessiv abnimmt, je mehr sie sich dem
Beginn des Stückes nähert. Das gleiche zeigt sich,
wenn man die zweite Macht betrachtet, die nämlich in einer wachsenden Progression zunimmt;
sie beginnt in der Ouvertüre, sie wächst und
nimmt zu. Bewundernswert ist vor allem dieses
Beginnen ausgedrückt. Man hört sie so schwach,
so geheimnisvoll angedeutet, man hört sie, doch
es ist so schnell vorüber, daß man gerade den Eindruck hat, als hätte man etwas gehört, ohne doch
gehört zu haben. Es braucht ein aufmerksames, ein
erotisches Ohr, um darauf zu achten, an welcher
Stelle der Ouvertüre man zum erstenmal einen
Hinweis bekommt auf jenes leichte Spiel der Lust,
das sich später so reich in seinem ganzen ver-
schwenderischen Überfluß ausdrückt. Auf Punkt
und Komma genau kann ich diese Stelle nicht angeben, denn ich bin der Musik nicht kundig, doch
ich schreibe auch nur für Verliebte, und diese werden mich wohl verstehen, einige von ihnen besser
als ich mich selber. Indessen bin ich mit dem mir

beschiedenen Teil zufrieden – mit dieser rätselhaften Verliebtheit, und obwohl ich den Göttern ansonsten danke, daß ich ein Mann und keine Frau geworden bin, so hat mich Mozarts Musik doch gelehrt, daß es schön und wohltuend und reich ist, wie eine Frau zu lieben.

Keineswegs bin ich ein Freund von Bildern, die neuere Literatur hat sie mir in hohem Grad verleidet, denn es ist bald so weit gekommen, daß mich jedesmal, wenn ich einem Bild begegne, unwillkürlich eine Furcht durchzuckt, seine wahre Absicht könnte sein, eine Dunkelheit des Denkens zu verbergen. Daher werde ich mich vor jedem unvernünftigen und fruchtlosen Versuch hüten, die energische und bündige Kürze der Ouvertüre in eine weitläufige und nichtssagende Bildersprache zu übersetzen; nur einen Punkt will ich in der Ouvertüre hervorheben und, um den Leser darauf aufmerksam zu machen, ein Bild dafür gebrauchen – das einzige Mittel, das ich habe, um mich mit ihm in Verbindung zu setzen. Dieser Punkt ist natürlich kein anderer als Don Juans erstes Hervorbrechen, die Ahnung von ihm, von jener Macht, mit der er später durchbrechen wird. Die Ouvertüre beginnt mit einzelnen tiefen, ernsten, gleichförmigen Tönen, da erklingt zum erstenmal unendlich fern ein Wink, der doch im gleichen Augenblick zurückgerufen wird, als sei er zu früh gekommen – bis man sie später wieder und wieder hört, immer kühner, immer lauter, jene Stimme, die zuerst hinterlistig, kokett und doch, als sei sie in Angst, mit hineinschlüpfte, nicht aber durchdringen konnte. So sieht man manchmal in der Natur den Horizont dunkel umwölkt; zu schwer, um sich selbst zu tragen, ruht er auf der Erde aus und verbirgt alles in seiner dunklen Nacht, einzelne dumpfe Töne sind zu hören, doch nicht bewegt, sondern wie ein tiefes Murmeln für sich selbst – da sieht man an des Himmels äußerster Grenze, fern am Horizont ein Schimmern; rasch eilt es die Erde entlang, im gleichen Augenblick ist es vorüber. Doch bald zeigt es sich wieder, es nimmt an Stärke zu, beleuchtet momentan den ganzen Himmel mit seiner Flamme, im nächsten Augenblick scheint der Horizont noch dunkler, doch rascher, noch glühender flammt es auf, es ist, als habe das Dunkel selbst seine Ruhe verloren und gerate in Bewegung. Wie das Auge in diesem ersten Schimmern den Feuerbrand ahnt, so ahnt das Ohr in jenem verwehenden Bogenstrich die ganze Leidenschaft. Es ist eine Angst in jenem Schimmern, es ist, als würde es im tiefen Dunkel in Angst geboren – so ist Don Juans Leben. Es ist eine Angst in ihm, diese Angst aber ist seine Energie. Diese Angst ist nicht subjektiv in ihm reflektiert, es ist eine substantielle Angst. Keineswegs findet man in der Ouvertüre – wie man allgemein gesagt hat, ohne zu wissen, was man da sagt – Verzweiflung: Don Juans Leben ist nicht Verzweiflung, sondern es ist die ganze Macht der Sinnlichkeit, in Angst geboren, und Don Juan selbst ist diese Angst, diese Angst aber ist eben die dämonische Lebenslust. Nachdem Mozart Don Juan so hat entstehen lassen, entwickelt sich vor uns sein Leben in tanzenden Geigentönen, in denen er leicht, flüchtig über den Abgrund eilt. Wie ein flach geworfener Stein, der noch eine Zeitlang in leichten Sprüngen über das Wasser hüpfen kann, jedoch augenblicklich in den Abgrund sinkt, sobald er nicht mehr hüpft, so tanzt Don Juan über dem Abgrund, jubelnd in seiner kurzen Frist.

Doch wenn die Ouvertüre nun, wie oben bemerkt, als ein Anlauf zur Oper betrachtet werden kann, wenn man in der Ouvertüre von jenen höheren Regionen heruntersteigt, dann fragt sich, an welcher Stelle in der Oper man am besten landet oder wie man die Oper beginnen läßt. Hier hat Mozart das einzig Richtige gesehen: er beginnt mit Leporello. Dies könnte kaum als sonderliches Verdienst erscheinen, um so weniger, da fast alle Bearbeitungen des Don Juan mit einem Monolog Sganarelles beginnen. Doch ist da ein großer Unterschied, und man hat abermals Gelegenheit, Mozarts Meisterschaft zu bewundern. Er hat die erste Diener-Arie in unmittelbaren Zusammenhang mit der Ouvertüre gesetzt. So etwas kommt seltener vor; hier ist es vollkommen in Ordnung und wirft auf die Anlage der Ouvertüre ein neues Licht. Die Ouvertüre versucht sich herabzulassen, Fuß zu fassen in der szenischen Wirklichkeit. Den Komtur und Don Juan haben wir in der Ouvertüre schon gehört, die wichtigste Figur nach ihnen ist Leporello. Indessen kann man ihn nicht emporheben zu jenem Kampf in den Regionen der Lüfte, und doch gehört er eher dazu als irgendein anderer. Daher beginnt das Stück mit ihm, und zwar so, daß er in unmittelbarem Zusammenhang mit der Ouvertüre steht. Man rechnet Leporellos erste Arie deshalb ganz richtig mit zur Ouvertüre. Diese Arie entspricht dem nicht unberühmten Sganarelle-Monolg bei Molière. Wir wollen die Situation etwas näher betrachten. Sganarelles Monolog ist durchaus nicht witzlos, und wenn man ihn in Professor Heibergs leichten und flüssigen Versen liest, dann ist er sehr unterhaltend – die Situation selbst ist dagegen mangelhaft. Dies sage ich vor allem in Hinblick auf Molière, denn bei Heiberg ist es eine andere Sache, und ich sage es nicht, um Molière zu tadeln, sondern um Mozarts Verdienst zu zeigen. Ein Monolog stellt stets mehr oder weniger einen Bruch des Dramatischen dar, und wenn der Dichter die Wirkung durch die Witzigkeit des Monologs selbst und nicht durch dessen Charakter zu erreichen versucht, so hat er über sich selbst den Stab gebrochen und das dramatische Interesse aufgegeben. Anders in der Oper. Hier ist die Situation absolut musikalisch. Schon zuvor habe ich an den Unterschied erinnert, der zwischen einer dramatischen und einer musikalisch-dramatischen Situation besteht. Das Drama duldet kein Gerede, es fordert Handlung und Situation. Was aber macht diese Situation zur musikalischen Situation? Es wurde bereits hervorgehoben, daß Leporello eine musikalische Figur ist, und doch ist er nicht derjenige, der die Situation trägt. Wäre es so, dann wäre seine Arie eine Analogie zu Sganarelles Monolog, obgleich sich dabei herausstellen würde, daß eine solche Quasi-Situation in der Oper besser angeht als im Drama. Das, was die Situation musikalisch macht, ist Don Juan, der drinnen im Hause ist. Der eigentliche Punkt liegt nicht in dem sich nähernden Leporello, sondern in Don Juan, den man nicht sieht – den man aber hört. Nun könnte man zwar einwenden: man hört ihn ja nicht. Darauf würde ich entgegnen: doch, man hört ihn, denn er klingt in Leporello wider. Zum Beweis will ich auf die Übergänge aufmerksam machen *(vuol star dentro colla bella)*[43], wo Leporello offenbar Don Juan reproduziert. Aber selbst wenn es anders wäre, so ist die Situation doch in einer Weise angelegt, daß man Don Juan unwillkürlich mitbekommt, daß man Leporello, der draußen steht, über Don Juan, der drinnen im Haus ist, vergißt. Überhaupt läßt Mozart mit echter Genialität Leporello Don Juan reproduzieren und erreicht damit zwei Dinge: die musikalische Wirkung, daß man überall, wo Leporello allein ist, Don Juan hört, und die parodistische Wirkung, daß man in Don Juans Anwesenheit hört, wie Leporello ihn repetiert und damit unbewußt parodiert. Als Beispiel hierfür will ich den Abschluß des Balls erwähnen.

Fragt man, welches Moment das am meisten epische in der Oper ist, so ist die Antwort ohne Schwierigkeit und Zweifel: Leporellos zweite Arie, das Register. Schon im Vorhergehenden wurde durch einen Vergleich dieser Arie mit dem entsprechenden Monolog bei Molière hervorgehoben, welche absolute Bedeutung die Musik besitzt, daß sie gerade dadurch, daß sie uns Don Juan, die Varationen in ihm hören läßt, jene Wirkung hervorruft, zu der Wort oder Replik nicht imstande sind. Hier ist es wichtig, daß man die Situation und das Musikalische in ihr hervorhebt. Wenn wir uns nun auf dem Schauplatz umsehen, so besteht das szenische Ensemble aus Leporello, dem treuen Diener, und Elvira. Der ungetreue Liebhaber ist dagegen abwesend, er ist nämlich, wie es Leporello treffend ausdrückt – »er ist fort«[44]. Dies ist eine Virtuosität des Don Juan: er ist da und – dann ist er fort, und er bleibt (für sich selbst nämlich) ebenso gelegen fort, wie ein Jeronimus[45] gelegen kommt. Da er nun gewißlich fort ist, könnte es seltsam scheinen, daß ich ihn erwähne und ihn gewissermaßen mit in die Situation bringe; bei näherer Überlegung wird man das vielleicht ganz richtig finden und hier ein Beispiel dafür sehen, wie wörtlich genau man es nehmen muß, daß Don Juan in der Oper allgegenwärtig ist; denn deutlicher als durch einen Hinweis darauf, daß er selbst in seiner Abwesenheit anwesend ist, läßt es sich kaum bezeichnen. Doch mag er nun fort sein – wir werden später sehen, in welcher Bedeutung er anwesend ist. Indessen wollen wir die Personen auf der Bühne betrachten. Elviras Anwesenheit trägt natürlich dazu bei, daß eine Situation entsteht; denn es ginge nicht an, daß Leporello das Register zum eigenen Zeitvertreib entrollte; gleichzeitig aber läßt ihre Stellung die Situation peinlich werden. Es ist nicht im geringsten zu bestreiten, daß jener Spott, der hin und wieder mit Elviras Liebe getrieben wird, fast grausam ist. So im zweiten Akt, wo sie sich im entscheidenden Augenblick, da Ottavio endlich Mut in die Brust und den Degen aus der Scheide bekommen hat, um Don Juan zu ermorden, dazwischen wirft und nun entdeckt, daß es nicht Don Juan, sondern Leporello ist – ein Unterschied, den Mozart mit einem gewissen kläglichen Geblöke sehr deutlich bezeichnet hat. So liegt in unserer Situation auch etwas Schmerzliches darin, daß sie anwesend sein muß, um zu erfahren, daß es in Spanien 1003 sind, ja, mehr noch, in der deutschen Übersetzung wird ihr gesagt, sie selbst sei auch dabei. Diese deutsche Verbesserung ist ebenso albern-unanständig, wie die deutsche Übersetzung auf eine nicht weniger alberne Weise ansonsten lächerlich anständig und völlig verfehlt ist. Elvira ist es, der Leporello eine epische Übersicht über das Leben seines Herrn gibt, und es ist zweifellos ganz richtig, daß Leporello vorträgt und Elvira zuhört, denn beide sind in hohem Grad interessiert daran. So wie man in der gesamten Arie ständig Don Juan hört, so hört man also an einzelnen Stellen Elvira, die nun sichtbar als eine Zeugin *instar omnium* anwesend auf der Bühne ist – nicht weil sie einen zufälligen Vorzug hätte, sondern weil die Methode wesentlich dieselbe ist und eine für alle gilt. Wenn Leporello ein Charakter oder eine durchreflektierte Persönlichkeit wäre, dann wäre ein solcher Monolog kaum vorstellbar, doch eben weil er eine musikalische Figur ist, die in Don Juan hinabsinkt, deshalb hat diese Arie so große Bedeutung. Sie ist eine Reproduktion des ganzen Don Juanschen Lebens. Leporello ist der epische Erzähler. Einen solchen sollte wohl nicht kalt oder gleichgültig lassen, was er erzählt, und doch sollte er dem gegenüber eine objektive Haltung bewahren. Dies ist bei Leporello nicht der Fall. Er wird von dem Leben, das er beschreibt, völlig hingerissen, er vergißt sich in Don Juan. So habe ich hier ein weiteres Beispiel, was es besagen will, daß Don Juan überall widerklingt. Daher liegt die Situation nicht in Leporellos und Elviras Unterhaltung über Don Juan, sondern in der Stimmung, die das Ganze trägt, in Don Juans unsichtbarer geistiger Anwesenheit. Um genauer den Übergang in dieser Arie darzustellen – wie sie ruhig und weniger bewegt beginnt, jedoch im selben Maße, wie Don Juans Leben stärker in ihr widerklingt, mehr und mehr auflodert, wie Leporello mehr und mehr davon hingerissen wird, verweht und gewiegt von diesen erotischen Lüftchen, wie ihre Nuancen sich unterscheiden nach den Differenzen der Weiblichkeit, die sich in Don Juans Umkreis befinden – dies genauer darzustellen ist hier nicht der Ort.

Fragt man, welches das am meisten lyrische Moment der Oper ist, so könnten über die Antwort vielleicht mehr Zweifel bestehen; dagegen kann wohl kaum ein Zweifel darüber herrschen, daß dieses Moment nur Don Juan zugestanden werden darf und daß es einen Bruch der dramatischen Subordination bedeuten würde, wenn eine Nebenperson auf solche Weise unsere Aufmerksamkeit beschäftigen dürfte. Das hat auch Mozart beachtet. Die Wahl ist also bedeutend eingeschränkt, und bei näherer Untersuchung kommt dafür entweder die Tafel, der erste Teil des großen Finales, oder die bekannte Champagner-Arie in Betracht. Was die Tafelszene betrifft, so kann man sie wohl bis zu einem bestimmten Grad als lyrisches Moment betrachten, und die berauschende Herzensstärkung der Mahlzeit, der schäumende Wein, die fernen, festlichen Töne der Musik – alles vereint sich, um Don Juans Stimmung zu potenzieren, und seine eigene Feststimmung wirft auf all den Genuß ein noch höheres Licht, dessen Wirkung so groß ist, daß sich selbst Leporello in diesem reichen Augenblick verklärt, der ein letztes Lächeln der Freude, ein Abschiedsgruß des Genusses ist. Indessen ist es doch eher eine Situation als nur ein lyrisches Moment. Der Grund dafür ist natürlich nicht, daß auf der Bühne gegessen und getrunken wird – das ist an sich, als Situation betrachtet, sehr unzureichend. Die Situation liegt darin, daß Don Juan zum äußersten Gipfelpunkt des Lebens vorgedrungen ist. Verfolgt von der ganzen Welt, hat dieser siegreiche Don Juan nun keinen anderen Aufenthaltsort als eine abgelegene Kammer. Auf dieser äußersten Kante des Lebenssprungbretts erhitzt er noch einmal, in Ermangelung lustiger Gesellschaft, alle Lebenslust in seiner eigenen Brust. Wenn der Don Juan ein Drama wäre, so würde die innere Unruhe der Situation größte Verknappung verlangen. In der Oper ist es dagegen richtig, daß die Situation festgehalten und in jeder nur möglichen Üppigkeit verherrlicht wird, die nur um so wilder tönt, da sie für die Zuhörer in jenem Abgrund widerklingt, über welchem Don Juan schwebt.

Anders verhält es sich mit der Champagner-Arie. Hier wird man, wie ich glaube, eine dramatische Situation vergeblich suchen, doch um so mehr Bedeutung hat sie als lyrischer Erguß. Don Juan ist der vielen einander kreuzenden Intrigen müde: doch ist er keineswegs ermattet, seine Seele ist noch lebenskräftig wie eh und je, er braucht keine muntere Gesellschaft, er braucht den Wein nicht schäumen zu sehen und zu hören, er braucht ihn nicht zur Stärkung; die innere Vitalität bricht stärker und reicher aus ihm hervor denn je. Mozart hat ihn stets ideal aufgefaßt: als Leben, als Macht, jedoch ideal gegenüber einer Wirklichkeit; hier ist er gleichsam ideell berauscht in sich selbst. Wenn andere Mädchen der Welt ihn in diesem Augenblick umschwirrten – er würde ihnen nicht gefährlich, denn er ist gleichsam zu stark, um sie betören zu wollen, noch der vielfältigste Genuß der Wirklichkeit ist ihm zu wenig im Vergleich mit dem, was er in sich selbst genießt. Hier zeigt sich recht, was es besagen will, daß Don Juans Wesen Musik ist. Er löst sich gleichsam vor uns in Musik auf, er entfaltet sich zu einer Welt aus Tönen. Man hat diese Arie Champagner-Arie genannt, und das ist zweifellos sehr bezeichnend. Vor allem aber muß man hier beachten, daß sie zu Don Juan in keinem zufälligen Verhältnis steht. So ist sein Leben, schäumend wie Champagner. Und wie die Perlen dieses Weins, während er vor innerer Hitze

siedet, tönereich in ihrer eigenen Melodie, aufsteigen und aufsteigen, so klingt die Lust des Genusses in dem elementaren Brodeln wider, welches sein Leben ist. Daher gibt nicht die Situation
dieser Arie dramatische Bedeutung, sondern der
Grundton der Oper, der hier erklingt und widerklingt in sich selbst.

NICHTSSAGENDES NACHSPIEL

Wenn nun das hier Entwickelte richtig ist, so
kehre ich zu meinem Lieblingsthema zurück: daß
von allen klassischen Werken Mozarts Don Juan
zuoberst stehen muß; da will ich mich noch einmal freuen an Mozarts Glück, einem Glück, das
wahrhaft beneidenswert ist, in sich selbst und weil
es auch alle die glücklich macht, die es nur einigermaßen begreifen. Ich zumindest fühle mich unbe-
schreiblich glücklich, weil ich, obgleich nur fern,
Mozart verstanden und sein Glück geahnt habe –
um wieviel mehr sind es jene, die ihn vollkommen verstanden haben, wieviel glücklicher müssen sie sich fühlen mit dem Glücklichen.

Friedrich Dieckmann

Kierkegaard lesen

Anmerkungen zu einem Fragment

Der Versuch, Kierkegaard (gesprochen: Kerge-
goor) in jenes Leseland einzuschmuggeln, das
heute D.N.B., Die Neuen Bundesländer, heißt, hat
so lange gedauert, daß die alte Gestalt dieses Landes darüber zerbrochen ist – zerbrochen ganz ähnlich, wie das Dänemark Kierkegaards zerbrach, als
1857 die ausgedehnten Befestigungswerke, die
Kopenhagen, die Hauptstadt, umschlossen, ge-
schleift wurden und Gewerbefreiheit, Parlamentarismus und Nationalismus einen Staat umwälzten,
dessen Wirtschaft sich bis dahin in Zunftschranken
gezwängt und dessen Politik einem monarchisch-
paternalen Absolutismus unterstanden hatte. Kierkegaard hat das nicht mehr erlebt, aber er hat mit
der Verve, mit dem fulminanten Humor, die sein
Werk treiben, schon in seinem ersten großen
Buch, »Enten – Eller«, zu deutsch: »Entweder –
Oder«, eine wesentliche Ursache dafür freigelegt,
daß die eingezwängten und stillgestellten Ge-
meinwesen es nicht bei sich aushalten, sondern in
die Veränderung stürzen, koste es, was es wolle.
Diese Ursache ist – die Langeweile. Kierkegaard
beklagt, daß deren Schädlichkeit nur in Hinsicht
auf Kinder anerkannt sei. »Solange Kinder sich un-
terhalten, solange sind sie stets artig, dies kann
man im allerstrengsten Sinne sagen, denn werden
sie mitunter sogar beim Spielen unlenksam, so geschieht es eigentlich, weil sie anfangen sich zu

langweilen: die Langeweile ist allbereits im An-
marsch, nur auf andre Weise. Sucht man daher ein
Kindermädchen, so achtet man stets wesentlich
nicht bloß darauf, daß sie verständig, verläßlich
und ehrbar ist, sondern man nimmt stets auch eine
ästhetische Rücksicht darauf, ob sie Kinder zu un-
terhalten versteht, und man würde sich nicht bedenken, einem Kindermädchen zu kündigen,
wenn sie diese Eigenschaft nicht hat, und hätte sie
sonst gleich die allervortrefflichsten Tugenden. . . .
so sonderbar aber geht es in der Welt zu, in sol-
chem Maße haben Gewohnheit und Langeweile
überhand genommen, daß das Kindermädchen die
einzige Beziehung ist, in welcher dem Ästhetischen sein Recht widerfährt. Würde jemand
Scheidung begehren, weil sein Weib langweilig
ist, oder wollte man einen König absetzen, weil er
langweilig anzusehen sei, oder einen Prediger des
Landes verweisen, weil es langweilig sei, ihn zu
hören, oder einen Minister verabschieden, einen
Journalisten zum Tode verurteilen, weil sie rasend
langweilig seien, so wäre man nicht imstande damit durchzudringen. Was Wunder denn, daß es
mit der Welt rückwärts geht, daß alles Üble mehr
und mehr um sich greift, sintemal die Langeweile
zunimmt und Langeweile eine Wurzel ist alles
Übels.«[1]

Kierkegaards Argumentation trifft uns im Mark
gewesener Befindlichkeiten. Wie lange ist es her,

daß ein fürwitziger Theaterautor das besagte Land, welches nun anders heißt, »das langweiligste Land der Welt« nannte? Ist es etwa schon ein Vierteljahrhundert her? Der Aufruhr der Auguren war damals groß, ein Konzil versteifte sich darauf, diesen Dialogsatz einer dramatischen Figur als staatsschädigend anzusehen; man zeigte sich nicht nur am Nerv getroffen – man *war* am Nerv getroffen. Und das Land wurde darüber nicht kurzweiliger. Kierkegaard betrachtet die furchtbaren Wirkungen der Langeweile in welthistorischem Maßstab. »Die Götter langweilten sich«, fährt er fort, »darum schufen sie die Menschen. Adam langweilte sich, weil er allein war, darum ward Eva erschaffen. Von diesem Augenblick an kam die Langeweile in die Welt, wuchs an Größe in genauer Entsprechung zum Wachstum der Menge des Volkes. Adam langweilte sich allein, alsdann langweilten Adam und Eva sich im Verein, alsdann langweilten Adam und Eva und Kain und Abel sich im Familienkreis (en famille), alsdann nahm die Menge des Volks in der Welt zu und langweilte sich en masse. Um sich zu zerstreuen kamen sie auf den Gedanken, einen Turm zu bauen, der so hoch sei, daß er emporragte in den Himmel. Dieser Gedanke ist ebenso langweilig wie der Turm hoch war, und ein erschrecklicher Beweis dafür, wie sehr die Langeweile überhand genommen hatte. Alsdann wurden sie über die Welt zerstreut, ebenso wie wenn man jetzt ins

Ausland reist, jedoch sie fuhren fort sich zu langweilen. Und welche Folgen hatte nicht diese Langeweile. Der Mensch stand hoch und fiel tief, erst mittels Eva, dann vom babylonischen Turm.«

Auch die derzeitige Menschheit ist im Begriff, von einem babylonischen Turm zu fallen, den sie – aus Langerweile? – erbaut hat. Aber es gibt, so erläutert uns Kierkegaard, außer den weltgeschichtlichen auch noch einige staatlich begrenzte Probleme mit der Langeweile. »Hinzu«, sagt der Autor, »kommt noch ein Umstand, den unsre Politiker gänzlich zu übersehen scheinen. Dänemark ist in Europa das Gleichgewicht. Man kann sich ein glücklicheres Dasein nicht denken. . . . Oh, daß meine Rede doch zu euern Ohren dringen möge, ihr, die ihr an die höchsten Stellen gesetzt seid, um immerfort Ratschläge zu geben, ihr Männer des Königs und des Volkes, ihr weisen und verständigen Staatsbürger aller Stände! Seht euch doch vor! Das gute alte Dänemark geht unter, das ist fatal, es geht unter aus Langerweile, das ist das Allerfatalste.«

War nicht auch jener Staat, dessen Fahne, nach dem letzten Tagesbefehl seines letzten Armeeministers, nun »eingerollt und verpackt« ist, »in Europa das Gleichgewicht«? Niemand konnte sich eine europäische Balance ohne diesen Staat, mit einem einheitlichen Deutschland, vorstellen. Auf einmal wurde das Gleichgewicht so überflüssig, als hätte es niemals seiner bedurft. War die Langeweile daran schuld? Haben wir Kierkegaards Satz aus dem Präsens ins Imperfekt zu versetzen: ›Die Saxoborussische Republik ging unter, das ist fatal, sie ging unter aus Langerweile, das ist das Allerfatalste‹? Es gab zwei riesige Haupt- und zahlreiche Nebenorganisationen, die wesentlich dazu da waren, die Langeweile im Land aufrechtzuerhalten; das ist ihnen so vollkommen geglückt, daß das Land darüber zum Teufel ging. Und nun erliegen einige Autoren noch post festum dem, wogegen sie einst angegangen waren; statt über Dichtsitzen sie über Aktenwerken und entdecken mit vor Bestürzung offenstehenden Mündern, was sie, als Männer von Phantasie, immer schon wußten: daß sie beachtete Persönlichkeiten waren. Die Langeweile, die sie beschrieben, von der sie sich abgesetzt hatten, holt sie von hinten ein, und ein tiefes Gähnen erfaßt die erschütterte Leserschaft.

Aber wie vollzog sich der Umschlag aus der umfassend sichergestellten Langeweile in den Untergang des guten alten Dänemark? Niemand beschreibt es genauer als Sören Kierkegaard. »In alten Zeiten«, schreibt er, »ward König, wer den verstorbenen König am schönsten besang; in unsern Zeiten sollte der König werden, welcher den besten Witz gemacht hat, und Kronprinz der, welcher Anlaß gegeben hat, daß der beste Witz gemacht wurde.« Aus Kierkegaards *sollte* ist uns das

Faktum geworden. Der Kronprinz, der einen Lidschlag der Geschichte lang König war, gab tatsächlich Anlaß, »daß der beste Witz gemacht wurde« – und König wurde der, welcher den besten Witz machte. Dieser Kronprinz war das Volk, das zu einer Zeit, da der alte König, der sich so schön besungen hatte, abgetreten und ein neuer noch nicht da war, für kurze Zeit eine Ecke des Thronsessels einnahm. Es hatte sich durch einige Aussprüche dorthin gebracht, die ebenso einfach wie exorbitant waren; noch niemals im Staatsleben war jemand auf etwas Derartiges gekommen. Der eine Satz war elliptisch verkürzt: »Keine Gewalt!« – ein Imperativ gegen das Imperative. Der andere Satz war syntaktisch vollständig und noch verblüffender als der erste, er lautete: »Wir sind das Volk!«

Das Frappierende war, daß es nicht die Regierung, sondern das Volk war, welches so sprach. Der Satz war so umwerfend, daß die Regierung, an die er sich richtete, auf der Stelle umfiel; das Volk wurde Kronprinz. Aber es hielt sich nicht in der Rolle, sondern gab, unbedacht, wie das Volk nun einmal ist, Anlaß zu einem Witz, der den, welcher ihn machte, unverzüglich zum König machte. Dieser Witz hatte mit Geld zu tun, er betraf eine Falschgeldaktion, aber nicht das war der Witz dabei; der Witz war, daß das Falschgeld echt war – Geld, mit dem man Waren kaufen konnte, die anderswo wirklich hergestellt wurden. Nur leider nicht dort, wo das echte Falschgeld ausgestreut wurde. Es war ein phantastischer Witz, und das Volk, das gerade erst Kronprinz geworden und auf eine Ecke des Thronsessels gelangt war, amüsierte sich so köstlich, daß es gar nicht merkte, wie es, kaum daß es sich dorthin gesetzt hatte, schon wieder abgesetzt war: König war geworden, wer den besten Witz gemacht hatte.

Kein Zweifel: unter dem neuen König ist alles viel unterhaltender geworden. Nichts steht mehr fest, nicht die Mieten noch die Arbeit noch der Strom- noch der Wasserpreis. Der Unterhaltungswert des Daseins ist ungemein gestiegen: Man kann sich auf nichts mehr verlassen. Eben das scheint den Verhältnissen die Stabilität zu geben, an welcher es vormals mangelte. Wie klug wäre es gewesen, wenn man in jenem Lande, in dem die Langeweile so anwuchs, daß es dasselbe nun schon gar nicht mehr gibt, rechtzeitig Kierkegaard gelesen hätte.

Kierkegaard, soviel kann man sagen, ist *kein* lang-
weiliger Schriftsteller. Dieser Autor, der als
schwierig, da philosophisch gilt, ist einer der kurz-
weiligsten Autoren, die man sich denken kann.
Liegt das daran, daß er im Stehen schrieb? Das
Pult, an dem er seine Werke verfaßte, steht heute
in der Königlichen Bibliothek zu Kopenhagen; ein
Biograph weiß zu berichten, daß der Autor bei der
Arbeit im Zimmer auf und ab wandelte, »wobei er
seine Sätze formte und sie prüfte, indem er sie laut
vor sich hin sprach, bis sie die richtige Form erhal-
ten hatten«.[2] Der Gestus der Rede prägt Kierkegaards Texte, aber es ist nicht die Rede des Kanzel-
redners, der *wir* sagt, wenn er die meint, welche
ihm zu Füßen stehen. Kierkegaard sagt *ich* und
meint sich selbst damit; er enthüllt sich jenem Du,
das der Leser ist, und bezieht es mitteilend ein in
den Kreis des Ich und seiner Erfahrung. Nicht als
Lehrer, der sagt, wie die Welt ist, spricht dieser
Autor sich aus. »Meine Anschauungen sind flüchtige Betrachtungen eines ›fahrenden Schülers‹,
welcher mit größter Eile durchs Leben stürzt«,
heißt es in einer der Notizen, die unter dem Titel
Diapsalmata, mit dem Zusatz: *ad se ipsum*, am Anfang des merkwürdigen und ausladenden Buches
stehen, das unter dem Titel »Enten – Eller« im Fe-
bruar 1843 in Kopenhagen erschien.

Diapsalmata: das von Kiergegaard aus der Septuaginta, der griechischen Bibelübersetzung, abgeleitete Wort bedeutet soviel wie Zwischenspiel; Heine hätte gesagt: lyrisches Intermezzo. Ad se ipsum, das heißt: an sich selbst gerichtet; der römische Kaiser Marc Aurel hatte so seine Selbstbetrachtungen überschrieben. Ich zu sagen und Betrachtungen »an sich selbst« an die Spitze eines Buches zu stellen – ist das Philosophenart? Kierkegaards Erstling deklariert sich nicht als philosophisches Werk. »Et Livs-Fragment«, ein Lebensfragment, lautet der Untertitel, und der Verfasser verbirgt sich hinter einem Pseudonym, das, von dem literarischen Kopenhagen bald durchschaut, durchaus als Stilmittel fungiert: Viktor Eremita lautet der Name.

Aber dieses Lebensbruchstück, das sich als die Herausgabe eines Schriftenfunds zweier unenträtselter Autoren deklariert, den der Herausgeber, Viktor Eremita eben, im Innern eines Sekretärs macht, den er antiquarisch erwirbt und eines Tages, um ein klemmendes Fach zu öffnen, mit einem Beil malträtiert, worauf ein Geheimfach aufspringt und die Papiere der beiden mit A und B bezeichneten Verfasser ans Licht bringt, – dieses in einen romantischen Erzählrahmen gestellte Werk ist dennoch und gerade darum ein philosophisches Werk; es macht den Anfang einer neuen Art zu philosophieren. Diese geht nicht, wie Hegel, von der Geschichte der Gesellschaft, dem Großen und

Ganzen des historischen Prozesses aus und auch nicht, wie Kant, von den noch über der geschichtlichen und kulturellen Erfahrung stehenden Kategorien der Wahrnehmung, der Erkenntnis und der Sittlichkeit, sondern von etwas, das dem, der da philosophiert, näher ist als die Überbauten der Abstraktion und als das eigentliche Problem, das eigentlich unlösbare Problem erkannt wird: die Existenz des einzelnen, das Dasein des Subjekts.

Das ist, sosehr er das Ich in Betracht zieht, kein bloß individueller Vorgang. Zwar ist Dänemark zu Kierkegaards Zeit noch ein absolutistisch beschränktes, in die kleinbürgerliche Enge zünftiger Ordnungen eingezwängtes Staatswesen. Aber diese Enge ist unglaubhaft geworden; sie schützt nicht mehr wirklich. Die neue Zeit steht vor der Tür und zeigt sich als die einer unter dem Antrieb des Kapitals machtvoll in Technik übergehenden Naturwissenschaft. Die Abstraktionskraft, mit der das Systemdenken des deutschen Idealismus die philosophische Durchdringung und Überhöhung der Wirklichkeit betrieben hatte, hat sich erschöpft; die geistige Energie des Zeitalters wirft sich, von Geldmacht beflügelt, auf experimentelle Naturergründung, technische Naturbemächtigung. Das geschieht nicht erst zu dieser Zeit, aber es geschieht in ihr mit einer tief in das menschliche Dasein eingreifenden Wirkung, für die die Dampfmaschine, das Dampfschiff, die Eisenbahn sichtbare Zeichen sind. Diese Umbildung der Gesellschaft aus dem Geist der Technik und des Kapitals konfrontiert den einzelnen mit einer Freiheit, die ihn als ein Fremdes, Unheimliches berührt; gott- und geistverlassen sieht er sich inmitten einer ins Leere bloß technologischen Fortschritts voranschreitenden Welt.

Aus der Empfindung solcher Verlassenheit sucht die Generation derer, die am Ausgang der Napoleonischen Kriege in eine schon ganz verbürgerlichte, aber noch monarchisch-absolutistisch gehaltene Welt hineingeboren werden (Kierkegaard ist, wie Richard Wagner und Georg Büchner, im Jahre 1813, Karl Marx 1818 geboren), verschiedene Auswege. Marx sucht den objektiven, geschichtsprozessualen Anhalt und findet ihn in der Idee der Eroberung des Staates durch die Klasse der Erniedrigten und Beleidigten, das Proletariat. Er versucht das Hegelsche Geschichtsdenken, die Vorstellung eines Zu-sich-Kommens des Weltgeists kraft und im Verlauf des historischen Prozesses, dadurch zu retten, daß er das Unterste zuoberst kehrt und die Basis der Gesellschaft, die unter der Übermacht der neuen Maschinen schnell verelende Klasse der Handarbeiter, sich als ihre zur Herrschaft berufene Avantgarde denkt. Das ist Aufhebung des Christentums aus dem Geist des Christentums. Es ist das letztere durch den Adressaten, die »Geringsten meiner Brüder«, die »Mühseligen und Beladenen« des Evangeliums, und ist das erstere durch den Gedanken, daß eben diese es seien, die zur Macht über das Ganze (und also zur Erzeugung neuer Ohnmacht, neuer Ohnmächtiger) berufen seien. Dieser Widerspruch, der auch objektiv einer ist, will sich aufheben machen durch die Vorstellung, daß eben dies der Weg sei, gesellschaftliche Macht an sich selbst und schlechthin zu tilgen. Damit ist, auf materialistischem Grund (denn das Konzept verbindet sich mit der wichtigen Einsicht, daß die materielle Produktion als Basis geschichtlicher Bewegung fungiert), ein Idealismus begründet, so schwindelerregend-abstrakt wie nur je ein früherer.

Kierkegaard geht einen andern Weg, um der Verlassenheit Herr zu werden, die die neue, sich durch Technik und Kapital, Mathematik und Experimentalwissenschaft umwälzende Welt über den Menschen bringt: er bekennt sich als einzelner zu dieser Verlassenheit. Indem er sie als die Grundbefindlichkeit des Menschen annimmt, entledigt er sich der brüchig und uneinlösbar gewordenen Ansprüche jenes Prozeßdenkens, das den einzelnen als Moment eines sich gesetzmäßig ausbildenden und vervollkommnenden Weltganzen ansah. Von dem Ganzen, bei dem kein Heil ist, richtet er den Blick auf den einzelnen in der Not, dem Zwiespalt seiner personalen Existenz, und die Unbedingtheit, mit der er das tut, findet einen Anhalt an dem statischen Rahmen, den das von Industrialisierung, Parlamentarismus und Kapitalexpansion noch weitgehend ausgesparte Königreich um das Dasein des einzelnen legt; es ist dort ruhig genug, um das Denken ganz auf sich selbst zu richten. Jene Bedrohtheit, die Kierkegaards Denken treibt, macht vor den Toren der Stadt, die seine Arbeit umschließt, noch halt; noch herrscht das alte System der oktroyierten Objektivität und gibt eben dadurch Raum, es mit aller Intensität sowohl in Frage zu stellen als zu behaupten, nämlich als den Innenraum der Existenz zu behaupten, der gegen die falsche Freiheit zu verteidigen sei. Denn das Ich, auf dem Kierkegaard mit wehendem Panier und weit geöffneten Toren besteht, ist nicht das expansive Ego der anbrechenden Wirtschaftsliberalität; es ist das intensive Ich Lutherscher Gewissensbefragung. Doch stand auch dieses schon in eigentümlicher Wechselwirkung mit dem Selbstbewußtsein einer neuen Wirtschaftsweise. Zurück zum Ich, sagt Kiergegaard, wie es einst Luther gesagt hatte. Vorwärts zum Ich ist die Losung der bürgerlichen Welt. Beides sind konträre Rufe, und doch sind sie ineinander verschränkt, mit einer Dialektik, die Kierkegaard undurchschaubar blieb.

Die Unbedingtheit, mit der er das Panier der Innerlichkeit entfaltet, ist leidensgetrieben. Kierkegaard hat sich von diesem Antrieb seiner geistigen
Existenz, als einer individuell-pathologischen
Triebkraft, die deutlichste Rechenschaft gegeben
und eben dadurch das bloß Subjektive daran aufgehoben. Die psychische Spannung, die er produktiv aufhob, wurzelte in einem Vaterverhältnis,
dessen Komplikationen mit einem radikal prote-
stantischen, auf Gewissenserforschung selbstquä-
lerisch gerichteten Gottesverhältnis zusammen-
hingen; der Vater hatte es auf den Sohn übertragen. Sechs Jahre nach »Enten – Eller«, im Revolu-
tionsjahr 1848, schreibt der Fünfunddreißigjäh-
rige: »Als Kind ward ich strenge und mit Ernst im
Christentum erzogen, menschlich gesprochen, auf
wahnsinnige Weise erzogen: bereits in der frühe-
sten Kindheit hatte ich mich verhoben an den Ein-
drücken, unter denen der schwermütige alte
Mann, der sie auf mich gelegt hatte, selber zusam-
mensank – ein Kind, auf wahnsinnige Weise dazu
verkleidet, ein schwermütiger alter Mann zu sein.
Fürchterlich! Was Wunder denn, daß Zeiten kamen, da mir das Christentum vorkam als die un-
menschlichste Grausamkeit, ob ich gleich niemals,
selbst damals nicht, als ich am weitesten von ihm
fort war, die Ehrerbietung für es fahren ließ . . .«[3]

Das Selbstbekenntnis steht in einer Schrift, deren Titel, »Der Gesichtspunkt für meine Wirksamkeit als Schriftsteller«, verbirgt, daß es sich um eine Lebensbeichte handelt; sie trat erst aus Kierkegaards Nachlaß ans Licht. »So liebte ich«, fährt der Text fort, »das Christentum in gewisser Weise: es war für mich ein Ehrwürdiges – mich hatte es allerdings, menschlich gesprochen, höchst unglücklich gemacht. Das hing zusammen mit dem Verhältnis zu meinem Vater, dem Menschen, den ich am höchsten geliebt – und was will dies sagen? Dazu gehört gerade, daß er der ist, der einen unglücklich gemacht hat – aus Liebe. Sein Fehler lag nicht in Mangel an Liebe, sondern darin, einen alten Mann und ein Kind zu verwechseln. Den lieben, der einen glücklich macht, ist eine in Richtung auf Reflexion mangelhafte Bestimmung der Liebe; den lieben, der einen in Bosheit unglücklich macht, ist Tugend; aber den lieben, der aus Liebe, also dank einem Mißverständnis, jedoch aus Liebe einen unglücklich gemacht: das ist die, allerdings soweit ich weiß bisher noch nie beschriebene, jedoch normale Reflexionsformel für das Lieben.«

Die Last, mit der Kierkegaards Vater seinen Sohn, der von alters wegen hätte sein Enkel sein können, fast erdrückte, indem er sie ihm übertrug, war die Erfahrung der Verlassenheit, nämlich einer unbedingten und radikalen Verlassenheit, der Gottverlassenheit. Der 1756 geborene Michael

Kierkegaard hatte sie als Kind erfahren und hinausgeschrien, als ein Hütejunge von zehn Jahren, der, allein mit seinen Schafen, hungrig und frierend den langen Tag auf der jütländischen Heide verbrachte. Als das Gefühl übermächtig in ihm wurde, war er auf einen Stein gestiegen und hatte Gott den Herrn, der es fertigbringe, »ein hilfloses, unglückliches Kind so leiden zu lassen, ohne ihm zu Hilfe zu kommen«, verflucht. Sören Kierkegaard hat den Umriß der Geschichte 1846 seinem Tagebuch anvertraut; sein Bruder Peter, der Bischof von Aalborg geworden war, hat sie zwei Jahrzehnte später als die des Vaters identifiziert.

Sie ist wie ein Gegenstück zu der sich fast gleichzeitig zutragenden Geschichte von dem Bandwirkerssohn im oberlausitzischen Rammenau, der seinerseits, obschon nicht auf der Heide, die Schafe hütet und von seinem Grundherrn belauscht wird, als er ihnen eine Predigt hält. Wie wäre des kleinen Johann Gottlieb Fichte Hüterede umgeschlagen, wenn der Herr v. Miltitz ihn *nicht* den Schafen predigen gehört und danach aufs Gymnasium geschickt hätte? Auch das Leben des Hütejungen Michael Kierkegaard schlägt um, nachdem er, ein kindlicher König Lear, seinen Heidefluch ausgestoßen. Hat die feierlich hinausgeschriene Einsicht, auf niemanden als sich selbst angewiesen zu sein, seine Kräfte gespornt? Michael Kierkegaard wird ein erfolgreicher Tuchhändler, der sein Wohnhaus auf dem Neumarkt von Kopenhagen, gleich neben dem Rathaus, erbaut und sich als reicher Mann aus dem Berufsleben zurückzieht, um das Leben eines wohlhabenden Bürgers und Familienvaters zu führen. Von einer zwölf Jahre jüngeren Frau, die als Dienstmädchen in seinem Hause war, als seine erste, kinderlose Frau starb, hat er sieben Kinder; Sören ist der Jüngste. Aber in dem Maß, da er sich als Rentier auf sich selbst zurückzieht, fällt die Kindheitsversündigung mit quälender Wucht über ihn her; er empfindet die offenbare Gunst, die Gott ihm zugewandt hat, als Irreführung, ja als Falle und fühlt die Strafe Gottes über sich, als ihm erst die beiden Ältesten und dann – er ist hoch in den Sechzigern – binnen weniger Jahre seine Frau und drei weitere Kinder sterben. Nur Sören und der um sechs Jahre ältere Peter Christian bleiben am Leben.

Der alte Mann, der sechsundfünfzig Jahre alt war, als Sören geboren wurde, steckt Sören mit der »stillen Verzweiflung«, die in ihm brütet, ebenso an wie mit seinen rhetorisch-dialektischen Gaben; der Sohn hat beides berichtet. Michael Kierkegaard denkt sich im Sinn des ersten mosaischen Gebots mit seiner Strafandrohung »bis ins dritte und vierte Glied«, die Luthers Katechismus weggelassen hatte, seine Kinder als Erben seiner Sündhaftigkeit und legt diese Vorstellung auch auf den hochempfänglichen, geistig ebenso regsamen wie moralisch empfindlichen Jüngsten. Er tut es mittelbar, indem er ihm eine strenge christliche Erziehung angedeihen läßt, und unmittelbar, indem er dem Zwanzigjährigen die Kindergeschichte vom Gottesfluch erzählt; anderen Fehl kann der Sohn erraten. Hofft der so beschwerte Vater, daß der genial begabte Jüngling ihm die Gewissenslast tragen hilft? Er quält ihn mit der Wahnidee, ihm, dem Vater, sei es zur Strafe seiner Sünden bestimmt, alle seine Kinder zu überleben.

Kierkegaard opponiert der Rolle, die der Vater ihm zuweist; er beginnt als bemittelter Student ein Flaneur- und Bonvivant-Dasein, das die Last der Innerlichkeit sichtbar von sich tut. Nach dem Tod des Vaters, der die düstere Prophezeiung zunichte macht, nimmt er die Rolle in einem philosophischen Sinn an und setzt seine ganze geistige Energie an christliche Selbstprüfung in jenem Sinn, der die Prüfung des Christentums einschließt. »Ich hatte«, heißt es in jenem Selbstbekenntnis, »von der Zeit an wo von Verwendung meiner Kräfte die Rede sein konnte, mich fest entschlossen alles darauf zu verwenden das Christentum zu verteidigen, oder jedenfalls doch in seiner wahren Gestalt es darzustellen; denn bereits sehr früh war ich, vermöge meiner Erziehung, in den Stand gesetzt mich dessen zu vergewissern, wie selten das Christentum in seiner wahren Gestalt dargestellt wird, wie die, welche es verteidigen, es am öftesten verraten, und wie selten die Angreifer es eigentlich zu treffen wissen, indessen sie, was noch jetzt meine Ansicht ist, oft vortrefflich die bestehende Christenheit zu treffen wissen, welche wohl am ehesten die Karikatur des wahren Christentums heißen sollte, oder doch eine ungeheure Menge von Mißverständnis, Sinnentrug und dergleichen, versetzt mit einer spärlichen kleinen Dosis wahren Christentums.«

Aber auch jener Kierkegaard, der seiner Zeit das »Zurück!« gebietet, »fort von der Spekulation, von ... einem Leben, das phantastisch im Spekulieren lebt (statt im Existieren), von dem allen fort Christ zu werden«, versteht sich nicht als ihr Lehrmeister. »Bin ich vielleicht der Apostel?« fragt er sich: »Abscheulich, zu derartigem habe ich nie Anlaß gegeben, ich bin ein armer geringer Mensch. Bin ich also der Lehrer, der Erzieher? Nein, auch das nicht, ich bin einer, der selbst erzogen worden ist, oder dessen schriftstellerisches Werk ein Ausdruck ist des Erzogenwerdens zum Christ-Werden: indem die Erziehung und je nachdem daß die Erziehung auf mich drückt, drücke ich wieder auf die Zeit, jedoch Lehrer bin ich nicht, bloß Mitschüler.« Kierkegaard, der rastlose Denker und Ergründer, läßt sich nicht dazu verführen, als Wissender zu erscheinen; eher sieht er sich in der Gestalt des Opfers und bindet den Gedanken wiederum an die Kindheit: »Weit zurück, in meiner Erinnerung, geht der Gedanke, daß da in jeder Generation zwei oder drei sind, die für die andern geopfert werden, dazu gebraucht, in entsetzlichen Leiden zu entdecken, was den andern zugute kommt; auf die Art verstand ich schwermütig mich selbst, daß ich dazu ersehen sei.«

Der subjektive Denker

Der Denker, der angesichts der Verlassenheit des einzelnen in der sich entbergenden Welt das Problem der Existenz ins Auge faßt, welche Existenz ist *sub specie aeternitatis*, im Angesicht der Ewigkeit, ist der subjektive Denker, im Gegensatz zu dem objektiven Denker, der bis dahin die Geschichte der Philosophie bestimmt hat. So Kierkegaards Unterscheidung im zweiten Abschnitt des Zweiten Teils eines Werkes, dessen Titel seine zentrale Stellung in Kierkegaards Œuvre nicht anzusehen ist; es heißt »Abschließende unwissenschaftliche Nachschrift zu den Philosophischen Brocken / Mimisch-pathetisch-dialektische Sammelschrift / Existenzielle Einsprache von Johannes Climacus / Herausgegeben von S. Kierkegaard«.[4] In seiner Leipziger Vorlesung zur Geschichte der Philosophie hat Ernst Bloch den hier vorgetragenen Begriff erläutert: »Der subjektive Denker ist einer, der alles auf sich bezieht, in sich prüft, es sich in sich schwer macht und sich das Grundparadox des

Daseins, nämlich daß er mit dem Unendlichen zusammen ist, zum unberückten Bewußtsein bringt. Das gibt unaufhörliche Bewegung, das gibt unaufhörliche Dialektik. Auch dieses Wort nimmt Kierkegaard auf, Dialektik des Gegensatzes, Dialektik der Zerreißung, Dialektik des Endlichen mit dem Unendlichen, aber keine Dialektik des Prozesses, der ja als Prozeß fortgeht. Wenn ich einen Prozeß mache, das heißt, einen Weg gehe, gehe ich doch von einem Ausgangspunkt weiter und fort. Dieses Fortgehen macht mich zum objektiven Denker. Wenn ich dagegen ein subjektiver Denker bin, der sich selbst in Existenz versteht, gehe ich nicht weg, sondern ich treibe eine Dialektik des Auf-der-Stelle-Tretens, wie Kierkegaard sagt, der unaufhörlichen Selbstbewegung, ohne daß der Ort verändert wird. Ich mache eine Reise, die mehr reist als alles Reisen in der Welt und doch keinen Fuß breit von der Stelle kommt. Der subjektive Denker steht in einem Paradox, das unauflöslich ist.«[5]

Die gedankliche und stilistische Vehemenz, mit der Kierkegaard dieses Paradox entfaltet, ist leidensgetrieben und sie ist witzbeflügelt, von einer durchaus abgründigen Heiterkeit. Das unterscheidet ihn von dem um eine Generation jüngeren Friedrich Nietzsche, der demselben protestantisch-theologischen Boden erwächst und, sich ihm gewaltsam entreißend, gleichsam seine eigenen Wurzeln ausreißend, in späteren Jahren in eine

Kritik des Christentums ausbricht, die die Anstrengung der Selbstverleugnung durch die Hybridität der Diktion bezeichnet und zuletzt in Machtphantasien mündet. Kierkegaards philosophische Ergründung gilt der Situation der Ohnmacht, die er als fundamentale begreift und als ein Moment existentieller Humanität entwickelt. Was Nietzsche nachmals verkündet, weiß Kierkegaard schon als Student. »Wenn ich eine Menge einzelner Phänomene in den christlichen Leben betrachte«, schreibt der Zweiundzwanzigjährige in sein Tagebuch, »dann will es mir so scheinen, als sei das Christentum, anstatt ihnen Kraft zu schenken – – ja, daß solche Individuen im Vergleich zum Heiden durch das Christentum ihres Mannestums beraubt sind und sich jetzt verhalten wie der Wallach zum Hengst.«[6] Aber seine Auseinandersetzung mit der Problematik der christlichen Existenz verliert nicht die Bindung an Gott; macht, bei aller insistierenden Dialektik, dies das Wesen der Heiterkeit aus, die *auch* auf dem Grund seines Denkens liegt? Kierkegaard, um den eine biedermeierlich gehaltene Welt steht, ist die Selbstverleugnung so fern wie die Stil-Grimasse; dialektische Intensität, das ernste Spiel mit unauflösbaren Widersprüchen, nicht imperiale Anmaßung treibt sein Denken.

Niemand hat deutlicher als Ernst Bloch das Wundersame einer geistigen Erscheinung benannt, die die Paradoxie ihrer Erfahrung beherrschte, indem sie ihr Ausdruck gab. »Worauf es nun aber ankommt«, hören wir von dem Leipziger Katheder, »ist, daß diese Zerrissenheit zur Selbstprüfung anbefohlen wird, wobei sich etwas Seltsames zeigt. Es müßte daraus doch ein Eiferer entstehen, ein finsterer, in sich wühlender, bohrender Moralist, der vieles herausbringt, aber im ganzen einen grämlichen Ton hat und einen Beffchengeschmack, der einen Pfarrhausgeruch um sich verbreitet. Doch dadurch, daß zwei Dinge endlos zusammenstoßen bei Kierkegaard, nämlich das Private und das Unendliche, die absolute Forderung mit Hölle und Himmel und die eigene Armseligkeit, entsteht eine Reibung, und diese Reibung, dies unvereinbare Zusammensein von Endlichem und Unendlichem äußert sich stilistisch durchaus nicht in Grämlichkeit, sondern in ganz außerordentlichem Witz. Der gleiche Kierkegaard ist einer der witzigsten Schriftsteller, einer der größten Witzemacher im hohen Stil, die je gelebt haben, die vis comica ist ihm unermeßlich, viel stärker als bei Lichtenberg und Swift, und das will etwas heißen. Aus diesem Zusammenstoß von Unvereinbarem entsteht ganz hoher, beißender Galgenhumor. Galgenhumor, Humor im letzten Augenblick, das heißt bei Kierkegaard: des Augenblicks, der unmittelbar verkoppelt ist mit der Ewigkeit, also nicht mit der Geschichte, nicht mit Zeit, die läuft.

Augenblick hat bei Kierkegaard nichts zu tun mit Vergangenheit, Gegenwart, Zukunft, sondern ist unmittelbar angrenzend an Ewigkeit. Und alles Gericht ergeht nicht über Handlungen, die sich in der Zeit ausdehnen, sondern über die Gesinnung des Augenblicks.«

Auch in Kierkegaards Don-Giovanni-Essay ist die Kategorie des Augenblicks geltend gemacht: der Held der Oper erscheint als der des sinnlich rein, rein sinnlich durchdrungenen Augenblicks. Was Faust zum Hauptpunkt der Teufelswette macht: der erfüllte Augenblick, ist Don Juan spontan und natürlich eigen. Eben dies beglaubigt die Musik, die ihrerseits eine Kunst des sinnlich durchdrungenen – und zugleich geistig gesteiger- ten – Augenblicks ist; beides macht ihn für Kier- kegaard zu einer kostbaren Gestalt.

Entweder – Oder

»Enten – Eller« ist nicht Kierkegaards erste Schrift überhaupt. Voran gehen 1838 die »Papiere eines noch Lebenden« – *noch* Lebenden, weil Vater und Sohn sich ausgerechnet hatten, daß auch die bei- den verbliebenen Söhne mit spätestens dreiund- dreißig Jahren sterben und der Vater, als ein neuer Hiob, dazu verurteilt sei, alle seine Kinder zu überleben. Der Tod des Vaters war ein Strich durch die nicht sowohl fromme als abergläubische Rechnung, die der alte Mann glaubte mit dem

Himmel offen zu haben. Kierkegaard tritt in den
»Papieren« als Literaturkritiker auf den Plan; die
Analyse gilt einem Roman von Andersen, »Nur
ein Spielmann«, der Lebensbeschreibung eines
Musikers, den der Autor als Genie prätendiert –
sehr zum Unbehagen des fünfundzwanzigjährigen
Kritikers. »Es ist kein Genie«, meint er von dem
Helden des mühseligen Buches, »es ist eher ein
Jammerlappen, denn das Genie ist nicht eine Un-
schlittkerze, die im Wind ausgeht, sondern eine
Feuersbrunst, die der Sturm nur noch anfacht.«

Vor »Entweder – Oder« liegt auch die Dissertation, die Kierkegaard, nach dem Tod des Vaters zu
entschiedenem Eigenleben erwachend, 1841 fer-
tigstellt; sie gilt dem »Begriff der Ironie mit stän-
diger Beziehung auf Sokrates«. Der Autor schreibt
die Arbeit entgegen den Gepflogenheiten der
Fachwelt in seiner Muttersprache und verteidigt
sie auf Latein; außerdem hält er – er ist ja auch
Theologe – eine Probepredigt in einer Kopenhagener Kirche. Ist Kierkegaard im Begriff, sich eine
bürgerlich gesicherte Existenz zu bereiten? Zugleich mit der Dissertation betreibt er die Grün-
dung eines Hausstandes und verlobt sich im Sep-
tember 1840 – er ist siebenundzwanzig Jahre alt –
mit einem achtzehnjährigen Kopenhagener Mädchen, Regine Ohlsen. Der Vater, Pastor und Etatsrat, gibt seine Einwilligung, alles scheint auf be-
stem Wege – da entzieht sich Kierkegaard der

drohenden Ehe; er bangt um seine Freiheit und spielt, um loszukommen, vor der Braut den skrupellosen Lebemann. Aber sie kennt ihn besser und glaubt ihm nicht. »Du wirst doch niemals froh«, sagt sie zu ihm, »da kann es dir doch gar nichts ausmachen, ob ich bei dir bleiben darf.«

Das sind unwiderstehliche Sätze, und Regine geht so weit, den sich ihr entziehenden Freund allein in dessen Wohnung aufzusuchen; sie will die Hemmung überwinden helfen, die sie bei ihm verspürt. Kierkegaard ist betroffen und spannt seine Kräfte gegen die überlegene Liebe des Mädchens zum äußersten Widerstand. »Um nicht öfters den Versuch zu machen zu dem, was doch geschehen muß, welches, wenn es dann geschehen ist, sehr wohl Kräfte verleihen wird, deren es bedarf: so laß es geschehen«, schreibt er ihr im August 1841 und legt seinen Verlobungsring bei. Zwei Jahre später sucht er Gründe für sein Verhalten und vertraut sie dem Tagebuch an: »Hätte ich alles erklären sollen, dann hätte ich sie in entsetzliche Dinge einweihen müssen, in mein Verhältnis zu Vater, seine Schwermut, die ewige Nacht, die im tiefsten Innern brütet, meine Verirrung, meine Lüste und Ausschweifungen, die vielleicht in Gottes Augen doch nicht so himmelschreiend sind; denn es war doch Angst, die mich dazu trieb, zu fehlen, und wo sollte ich einen Halt suchen, da ich wußte oder ahnte, daß der einzige Mann, den ich um der Stärke und Kraft willen bewundert hatte, schwankte.«

Dieser Mann, der bei einem Gott, der weit mehr ein alttestamentarisch-rächender als der des Neuen Testamentes war, Trost gesucht, aber nicht gefunden hatte, war der Vater. Was Kierkegaard als seine *vita ante acta*, sein Vorleben dramatisiert (er hatte einmal den Versuch gemacht, in ein Freudenhaus zu gehen, und war alsbald entsetzt entwichen), ist seelischer Vorwand; worum er fürchtet, ist gerade der Verlust alles dessen, was ihn, indem es ihn drückt und treibt, produktiv macht. Und was ihn am tiefsten ängstigt, ist die Gefahr, die innere und äußere Freiheit einzubüßen, zu werden, was er ist: ein Schriftsteller. Was Kierkegaard 1845 in ein Buch setzt, ist aufrichtiger als die Tagebucheintragung von 1843; in »Stadien auf dem Weg des Lebens« läßt er den pseudonymen Autor sagen: »Manch ein Mann ist durch ein Mädchen Genie geworden, mancher Mann ist durch ein Mädchen Heiliger geworden; – aber er wurde nicht Genie durch das Mädchen, das er bekam; denn durch sie wurde er nur Etatsrat. Er wurde nicht Held durch das Mädchen, das er bekam; denn durch sie wurde er nur General. Er wurde nicht Dichter durch das Mädchen, das er bekam; denn durch sie wurde er nur Vater. Er wurde nicht Heiliger durch das Mädchen, das er bekam; denn er bekam gar keines und wollte nur eine einzige haben, die er nicht bekam, ebenso wie jeder von den anderen Genie wurde, Held wurde, Dichter wurde mit Hilfe des Mädchens, das sie nicht bekamen ... Oder hat man schon jemals gehört, daß einer Dichter wurde durch seine Frau? So lange der Mann sie nicht hat, begeistert sie. Diese Wahrheit ist es, die der Einbildung der Poesie und der Frau zu Grunde liegt.« Der Frau oder der Einbildung der Frau?

Entweder – Oder: vor die Wahl gestellt zwischen Glück und Liebe oder Unglück und Freiheit wählt der Mann, der über die Ironie promoviert hat und von dem Genie weiß, daß es »eine Feuersbrunst ist, die der Sturm nur noch anfacht« (er weiß sich inwendig brennend, flammend in selbsterzeugtem Sturm), mit Entschiedenheit die »Burg seines Kummers« (so steht es in einem der Diapsalmata), die seine Freiheit verbürgt. Es ist Goethes Situation in Sesenheim, in Frankfurt – das Entspringen aus der einerseits erwünschten, andererseits als uneinlösbar empfundenen bürgerlich-familiären Verpflichtung, die Flucht in die Einsamkeit, die das Lebensgeheimnis in sich verschließt, das nach dichterischer Offenbarung drängt. Das Opus, das diesem Entspringen entspringt, ist so fulminant wie »Die Leiden des jungen Werthers«, und es schlägt in dem intellektuellen Kopenhagen mit kaum geringerem Nachdruck ein. Vorerst nur dort; erst viel später, am Ende des

Jahrhunderts, erreicht es das ganze Europa, das erstaunt bemerkt: ein solcher Ton leidenschaftlich beflügelten Denkens, das als vital andringende und zugleich ironisch gebrochene Rede sich äußert, war, trotz Heine, in der europäischen Literatur noch nicht dagewesen – und er war zu des Autors Lebzeiten überhört worden.

Innen und Außen

Das Motto aus Youngs »Nachtgedanken«, das dem Buch vorangeht, ist wie ein Programm: »Ist denn die Vernunft allein getauft, sind die Leidenschaften Heiden?« Der Verfasser will auch die Leidenschaften taufen; er nimmt die Entzweiung von Geist und Leib, mit der das Christentum den Menschen schlägt, nicht hin. Der Anfang, die Erzählung von dem alten Schreibmöbel und seinem wundersamen Inhalt, gibt sich rein novellistisch und enthält doch das ganze psychologische und philosophische Problem des Buches. »Vielleicht«, hebt Viktor Eremita, der Herausgeber, dessen Name sich nun entschleiert, er läßt sich als Sieger Eremit, der Eremit als Sieger übersetzen, als derjenige, welcher sein Eremitendasein gegen den Eheanschlag, den er selbst darauf unternommen hat, zu verteidigen wußte, – »vielleicht«, hebt der siegreiche Einsiedler, der der Herausgeber, der der Verfasser ist, an: »Vielleicht ist es dir doch unterweilen beigekommen, lieber Leser, ein wenig an der Richtigkeit des bekannten philosophischen Satzes zu zweifeln, daß das Äußere das Innere ist, das Innere das Äußere.«

Der Satz, natürlich, stammt von Hegel, aus dem 1813 erschienen zweiten Band der »Wissenschaft der Logik«; er hat eine späte witzig-dialektische Fassung in einem Ausruf Hanns Eislers gefunden, der einem Freund, der ihn über das Leben in der Deutschen Demokratischen Republik befragte, erklärte: »Hier trügt alles, nur nicht der Schein.« Das Äußere der Dinge, ihre der sinnlichen Wahrnehmung zugekehrte Oberfläche als das mit ihrem Innern, ihrem Wesen übereinstimmend zu Denkende – Hegel hat das so nicht gesagt; er drückt sich in einer Weise aus, die die These, indem sie sie aufstellt, unkenntlich macht. Diese These zu unterminieren (und zugleich des Autors dialektisches Entschlüpfen zu parodieren), setzt Kierkegaard mit dem ersten Wort seines ersten Hauptbuches an, und *wie* er das tut, nicht mit der ehernen Miene des Philosophen, der dekretiert, was er zu erkennen glaubt, sondern in der Maske des romantischen Novellisten, der einen interessanten Anfang für eine Rahmenerzählung sucht, sichert ihm den Sieg: er hat seinen Gegner unterlaufen.

Daß das Innere und das Äußere keineswegs im Verhältnis der Identität stehen, wird dann am Beispiel des Schreibschrankes, dessen Inneres enthält, was man seinem Äußeren nicht ansieht: die Manuskripte im Geheimfach, gleichsam gegenständlich exemplifiziert. Aber die parodistische Empirie der Widerlegung ist ihrerseits Schein. Denn es geht tatsächlich um eine Grundfrage philosophischen Weltbetrachtens: ob dieses vom Standpunkt der Identität oder der Differenz, mit einem modernen Wort: der Entfremdung, zu erfolgen habe. Zugleich ist die Geschichte vom Schrank, dessen Äußerem man den Inhalt nicht ansieht, eine Seelenbotschaft an Regine, die verlassene Braut – ein Wink, den Anschein des Leichtfußes und zynischen Lebemanns, mit dem er sie schonungshalber von sich gestoßen hat, nicht für sein Wesen zu nehmen. Eben darum schreibt er das ganze Buch. Doch der Erfolg ist entgegengesetzter Art; wenige Monate nach dessen Erscheinen beherzigt Regine die Titellosung und geht ein neues Verlöbnis ein. Kierkegaard ist entsetzt; er beruhigt sich dann bei dem Gedanken, daß er seinen Eheverzicht an eine Unwürdige verschwendet hat. Das ganze weibliche Geschlecht hat es zu entgelten.

Wie aber steht es bei *ihm* mit dem Inneren und dem Äußeren? Hat an ihm selbst Hegel recht – oder Kierkegaard? In dem Selbstbekenntnis von 1848 besteht der Autor auf den zwei unvermittelten Seiten seiner geistigen Existenz und setzt sie in das Verhältnis von Innen und Außen, Wesen und Schein: »Von Kindheit an war ich in der Gewalt einer ungeheuerlichen Schwermut, deren Tiefe ihren einzigen wahren Ausdruck findet in der mir vergönnten gleich ungeheuerlichen Fähigkeit, sie unter scheinbarer Heiterkeit und Lebenslust zu verstecken – meine einzige Freude, solange ich zurückdenken kann, daß keiner entdecken konnte, wie unglücklich ich mich fühlte; und dies Verhältnis (die gleich große Größe der Schwermut und der Verstellungskunst) bedeutet ja, daß ich auf mich selbst und das Gottesverhältnis angewiesen war.« Aber ist der von Melancholie durchdrungene Kierkegaard authentischer als der schreibende, der in seiner Lebensfähigkeit Gelähmte wesentlicher als der sich produktiv Entäußernde? Durch den Tod des Vaters und die Auflösung der Verlobung ist Kierkegaard erwachsen geworden, sosehr er sich das in dem Diapsalma vom Zauberer Virgilus, der vorzeitig aus dem Kochtopf seiner Zerstückelung herausgerufen worden und darum immer Kind geblieben sei, bestreitet. Er hat sich in die Freiheit des Produzierens gesetzt, und so stark er die Differenz auf deren Grund empfindet (er weiß und sagt es, daß sie aller großen Produktion zugrunde liegt), so ist doch unverkennbar, daß das Resultat, das Werk, das ein Äußeres ist, insofern es ein Mittelbares, in Form Gebrachtes ist, ihn zur Erscheinung bringt und sein Wesen aussagt.

Die Ausbreitung des Schrankinhalts durch Viktor Eremita beginnt mit den Diapsalmata, einer losen Sammlung von Beobachtungen, Anmerkun-

gen, Selbstbestimmungen, die der Verlobungsgeschichte ganz unmittelbar verknüpft ist: Kierkegaard hatte sie für Regine, die Braut, in ein grün-
gebundenes Goldschnitt-Büchlein geschrieben
und bei der Auflösung des Verhältnisses von ihr
zurückerhalten. Ihren Anfang – den dritten und
eigentlichen Anfang des Buches – macht eine
schneidend zugespitzte Variation über das Thema
von Innen und Außen, Sein und Schein. »Was ist
ein Dichter?« fragt der unbekannte Autor, den der
Herausgeber mit den Buchstaben A bezeichnet,
und weiß Bescheid: »Ein unglücklicher Mensch,
der tiefe Qualen birgt in seinem Herzen, aber
seine Lippen sind so gebildet, daß, derweile Seufzen und Schreien über sie hinströmt, es tönt gleich
einer schönen Musik. Es geht ihm gleich den Un-
glücklichen, die man im Ochsen des Phalaris lang-
sam peinigte mit sanftem Feuer, ihr Schrei konnte
nicht hindringen zum Ohre des Tyrannen, ihn zu
erschrecken, für ihn tönte es gleich einer süßen
Musik. Und die Menschen scharen sich um den
Dichter und sprechen zu ihm: Singe bald wieder,
das will heißen: möchten doch neue Leiden deine
Seele martern, und möchten deine Lippen beständig gebildet sein wie bisher: denn das Schreien
würde uns bloß ängstigen, aber die Musik, die ist
lieblich.«

Der Ochse des Phalaris: das war ein Kupferkes-
sel in der Form eines Stiers, in dem der Tyrann

Phalaris seine Gefangenen braten ließ; Flöten in den Nasenlöchern des Stiers ließen die Schreie der Gefolterten als Töne nach außen dringen. Das dem Lukian entnommene Bild ist kraß, aber es stimmt nicht. Der Gesang, der eigentlich Schrei ist, ist doch – Gesang; er ist es nicht vermöge eines mechanischen Transformators, sondern durch die Arbeit der Formwerdung. In ihr hebt die Differenz von Innen und Außen sich auf, so wie das Innere des Sekretärs zu einem Außen wird, indem Viktor Eremita den Fund veröffentlicht. Die Arbeit des Künstlers als das Werk der Synthese unauflöslicher Differenzen – Kierkegaard faßt in einem andern Diapsalma die Möglichkeit des Sich-Erhebens aus und in allen Widersprüchen in das anders krasse Bild des Kreisels. »Der Zweifler«, schreibt er, »ist stets ein Gegeißelter; er hält sich einem Kreisel gleich für kürzere oder längere Zeit auf der Spitze entsprechend den Peitschenschlägen; zu stehen vermag er nicht, ebensowenig wie der Kreisel.« Aber der Kreisel steht ja, indem er sich dreht.

Erst der zweite, dem Ethiker B zugeschriebene Teil des Buches faßt die Auflösung in einem weiteren, freieren Sinn. Es enthält einen Lobpreis der Arbeit, der so eindringlich-beredt, so menschlich-inständig dasteht wie alles, was dieser Autor denkend angreift. Von der Arbeit im allgemeinen, nicht der speziellen und sonderbaren der Dichtung, ist hier die Rede, aber indem es Kierkegaard ist, der hier spricht, ist diese einbegriffen: »Oder sollte das Leben dadurch, daß ein Mensch arbeiten muß, um zu leben, seine Schönheit verlieren? Ich bin hier an dem alten Punkt: das hängt davon ab, was man unter Schönheit versteht. Es ist schön, die Lilien auf dem Felde, obwohl sie weder spinnen noch nähen, so gekleidet zu sehen, daß selbst Salomo in all seinem Glanze nicht so prächtig gewesen ist; es ist schön, die Vögel zu sehen, wie sie sorglos ihre Nahrung finden; es ist schön, Adam und Eva in einem Paradiese zu sehen, in dem sie alles haben können, worauf sie nur hindeuten; noch schöner aber ist es doch, zu sehen, wie ein Mann durch seine Arbeit erwirbt, was er braucht. Es ist schön zu sehen, wie eine Vorsehung alles sättigt und für alles sorgt; noch schöner aber ist es, einen Mann zu sehen, der gleichsam seine eigene Vorsehung ist. Dadurch ist der Mensch groß, größer als jedes andere Geschöpf, daß er für sich selber sorgen kann. Es ist schön zu sehen, wie ein Mann Überfluß hat, den er sich selbst erworben; aber schön ist es auch, einen Mann das größere Kunststück vollbringen zu sehen, wenig in viel zu verwandeln. Es ist ein Ausdruck für die Vollkommenheit des Menschen, daß er arbeiten kann; es ist ein noch höherer Ausdruck dafür, daß er es soll.«[7]

———

Aber bis zu dieser Auflösung am Ende des zweiten
Teils, dort, wo »das Gleichgewicht zwischen dem
Ästhetischen und dem Ethischen in der Herausar-
beitung der Persönlichkeit« (so lautet die Überschrift des zweiten Kapitels) in Sicht kommt, ist
noch ein weiter Weg. Kierkegaard selbst beschreibt ihn. Mit dem ersten Diapsalma, notiert er
an den Rand des gedruckten Buches, sei »eine ungeheure Dissonanz gesetzt, und jetzt heißt es: er-
kläre sie. Es ist eine totale Zwietracht mit der
Wirklichkeit gesetzt, die ihren Grund nicht in Ei-
telkeit hat, sondern in Schwermut und in deren
Übergewicht über die Wirklichkeit. Das letzte
Diapsalma läßt uns begreifen, wie ein solches Leben seinen befriedigenden Ausdruck im Lachen
gefunden hat. Dank dieses Lachens begleicht es
seine Schuld an die Wirklichkeit, und jetzt spielt
sich alles im Zeichen dieses Gegensatzes ab. Sein
Enthusiasmus ist zu lebhaft, seine Sympathie zu
tief, seine Liebe zu brennend, sein Herz zu heiß,
um sich anders als im Zeichen des Gegensatzes
auszudrücken.«[8] Wer so spricht, ist dazu geschaf-
fen, Mozart auszudeuten.

»Entweder – Oder« ist nach dem Sich-Losrei-
ßen von Regine entstanden, dem Akt der Ent-
scheidung, mit dem Kierkegaard sich zum Schriftsteller bestimmt. Was er 1843 bei einer neuen
Arbeit an einen Freund über seine Befindlichkeit

schreibt, gilt auch für die Niederschrift des tausend engbedruckte Buchseiten umfassenden Manuskripts, für die der Autor weniger als ein Jahr braucht; es ist das Gefühl der geöffneten Schleuse: »In den vergangenen Monaten hatte ich voll Indolenz ein gehöriges Brausebad hochgepumpt, jetzt habe ich an der Schnur gezogen, und die Ideen stürzen auf mich nieder, gesunde, fröhliche, wohlgeratene, muntere, gesegnete Kinder, leicht zur Welt gebracht, jedoch alle mit dem Muttermal der Persönlichkeit. Im übrigen bin ich, wie gesagt, schwach, meine Beine zittern, es zwackt in den Knien usw., es ist zu wenig, ich wähle einen Ausdruck von meinem Lieblingsschauspieler, Herrn Grobecker, eine Redensart, die er bei jedem vierten Satz vortrefflich einflicht: ›Ich falle um und bin hin‹ oder in einer wirklich guten Abwandlung: ›ich falle hin und bin um‹.«[9] Herr Grobecker ist einer der Stars des Berliner Königstädtischen Theaters; Kierkegaard zitiert ihn auf deutsch.

Der Brief ist im Mai 1843 in Berlin geschrieben, wo Kierkegaard abermals in der Jägerstraße, mit dem Blick auf den Gendarmenmarkt, Wohnung nimmt. Zum zweiten Mal: seine erste Berlin-Reise hatte der Achtundzwanzigjährige im Oktober 1841 angetreten; nach dem Losriß von Regine hatte er sich, die ersten Seiten von »Entweder – Oder« im Gepäck, nach Stettin eingeschifft und war von dort nach Berlin gefahren, dem »ein-

zigen Ort in Deutschland, wo es sich in wissen-
schaftlicher Hinsicht hinzufahren lohnt«. Berlin ist
die Wiege des Werkes; Kierkegaard verbringt hier
fünf Monate zwischen Universität und Theater,
teils von Schelling angezogen, der im November
1841 mit einer Serie von Vorlesungen den durch
Hegels Tod verwaisten Lehrstuhl für Philosophie
einnimmt, teils von den Berliner Theatern, von
denen ihn die Posse, die mit den Schauspielern
Beckmann und Grobecker im Königstädter Theater blüht, nicht weniger interessiert als die König-
liche Oper Unter den Linden, wo man auch »Don
Giovanni« sehen und hören kann. Die Donna Elvira der Aufführung, Fräulein Schulze aus Wien,
habe, so schreibt er seinem Freund Boese nach Kopenhagen, »eine frappante Ähnlichkeit mit einem
gewissen jungen Mädchen«: Regine.

»Ich schreibe auf Leben und Tod«, heißt es in
dem gleichen Brief[10], »ich habe jetzt vierzehn
Druckbogen geschrieben.« Das ganze Werk hat
deren zweiundfünfzig. Vor allem in seinem – zuerst geschriebenen – zweiten Teil ist »Enten – Eller« in Berlin geschrieben, der nach den ästhetischen Exkursen des Ersten Teils dem Ethiker das
Wort gibt und die Positionen zuletzt in einem
»Ultimatum« aufhebt, das von einer Predigt über
die Austreibung der Wechsler aus dem Tempel
ausgeht; es bewegt den Gedanken, »daß wir gegen
Gott immer unrecht haben«. Sich selbst und dem

Leser spricht der Autor eine Tröstung zu, die aus dem Unendlichen fließt: »Immer wenn der Zweifler ihn mit dem einzelnen ängstigen, ihn lehren will, daß er zuviel leide oder über seine Kräfte geprüft werde, vergißt er das Endliche in dem Unendlichen, daß er immer unrecht hat. Immer wenn der Kummer des Zweifels ihn traurig machen will, erhebt er sich über das Endliche ins Unendliche; denn daß er immer unrecht hat, das ist der Flügel, auf welchem er sich über die Endlichkeit hinausschwingt, das ist das Sehnen, mit welchem er Gott sucht, das ist die Liebe, in welcher er Gott findet.«

Der erste Teil, notiert der Autor an den Rand des fertigen Buches, sei »wesentlich paradox, das heißt, er enthält nicht diesen oder jenen paradoxen Gedanken, sondern er ist ganz Leidenschaft, und diese ist immer paradox und soll nicht vernichtet werden – denn das Paradox ist die Leidenschaft des Gedankens.«[11] »Die Phantasie an sich«, endet die Notiz, »macht stets schwermütig. Deshalb ist der erste Teil schwermütig.«

Aber dieser erste Teil ist nichts weniger als schwermütig. Er besteht aus einer lockeren Folge ästhetischer Erörterungen, deren letzte, »Die Wechselwirtschaft, Versuch einer sozialen Klugheitslehre«, vermittels des Begriffs der Langeweile jene Ästhetik der Politik entfaltet, die uns bereits zu denken gab. Voran stehen Betrachtungen über die antike Tragödie und das moderne Lustspiel; in drei Kapiteln kommen die großen Verlassenen des neueren Dramas in Sicht: Fausts Gretchen, Clavigos Marie und Giovannis Elvira. Auch bei der Ergründung der Scribe-Komödie »Die erste Liebe« geht es dem Autor immer um die Facetten seines eigenen Falls, um seinen Losriß von Regine; der Entschluß, durch den Kierkegaard sich zum Schriftsteller befreit hat, hat ihm zugleich den Stoff gegeben. Auch vor dem literarhistorischen Thema bleibt er der subjektive Denker, dessen Differenz zu seinem Antipoden, dem objektiven Denker, Ernst Bloch an der Hegel-Anekdote von der Tochter des Ministers v. Altenstein exemplifiziert hat, die den berühmten Professor am Familientisch nach längerer Vorrede fragt: »Sagen Sie, Herr Professor, haben Sie sich das alles selbst ausgedacht, was Sie in Ihren Büchern geschrieben haben?« Hegel, der sie vergeblich zu bremsen versucht hat, dämpft ihre Verwunderung: »Mein gnädiges Fräulein, was in meiner Philosophie von mir ist, ist falsch.« »Kierkegaard«, merkt Bloch an, »der später gerade von hier aus Hegel korrigiert hat, daß sich nämlich bei ihm der Begriff aus allem herausprozessiere und sich selbst nicht mehr in Existenz verstehe, würde gesagt haben: ›Was in meiner Philosophie nicht von mir ist, ist falsch.‹«[12]

Am Ende des ersten Teils von »Entweder – Oder« (auch davon ist vieles noch in der Miet-

wohnung am Gendarmenmarkt entstanden, von
der der Blick auf das Treiben des Platzes wie aus
»Des Vetters Eckfenster« ging) – am Ende des von
A verantworteten ästhetischen Teils steht eine Ta-
gebuch-Erzählung, die ihrerseits in den Rahmen
eines Handschriftenfundes gesetzt ist: »Das Tagebuch des Verführers«. A, der Autor, entdeckt in
dem Schreibschrank eines nachmals unter dem
Namen Johannes fungierenden Mannes ein Skriptum, dessen heimliche Abschrift er nimmt; die als
»Commentarius perpetuus Nr. 4« bezeichneten
Tagebuch-Notizen erscheinen ihm als die »nicht
indikativische, sondern konjunktivische« Beschreibung des Versuchs, »poetisch zu leben« (das
heißt, er hält sich die Möglichkeit offen, eigentlich
eine Novelle gefunden zu haben). Im In- und Ne-
beneinander der Einfassungen und Mystifikatio-
nen, Formen und Erzählperspektiven, in der frag-
mentarischen Ungebundenheit der Komposition,
der ironischen Verve der In-Frage-Stellung von
Welt und Dasein zeigt Kierkegaards Erstling sich
als ein Hauptwerk jener romantischen Schule, die
den Widerspruch nicht, wie Hegel, als Triebkraft
eines zielgerichteten historischen Prozesses, sondern als existentielle Grundsituation erfährt und
die Unauflöslichkeit der Antinomien in der offe-
nen Form der Werke selbst austrägt. Sie läßt den
Königsmantel fallen, mit dem der deutsche Idealismus eine nicht eben glänzende Wirklichkeit

umkleidet hatte, und macht die Zerrissenheit des Lebensgefühls zum Agens der künstlerischen Form.

Auch das »Tagebuch des Verführers« ist eine Selbststilisierung der mißglückten Verlobungsgeschichte. Der Versuch des novellistisch vorgeschobenen Autors, sich als ein teils bekennender, teils berechnender Erotiker zu geben, gerät zu einer introspektiven Rodomontage, die seine völlige Ratlosigkeit dem andern Geschlecht gegenüber bekundet. Der »Ästhethiker«, der hier die Feder führt, gefällt sich in dem Vorsatz, bei Cordelia, dem Opfer, das keines ist, »einen erotischen Sturm zu erregen, der imstande wäre, Bäume zu entwurzeln«, und kommt noch im selben Absatz zu der Erkenntnis: »Cordelia will nicht in Exaltation genossen sein.« Gegenüber dem entwurzelnden Sturm erscheint ihm »eine gewöhnliche Verlobung« als »von allen Mitteln das beste«, indessen: »Das Verwünschte an einer Verlobung ist immer das Ethische darin.« »Die Liebe«, so sein briefliches Fazit, »hat viele Positionen«, aber er selbst gewinnt keine; was er von Cordelia befindet, gilt durchaus von ihm selbst: »Sie ist stolz und hat zugleich keine eigentliche Vorstellung vom Erotischen.« Der zur Einsamkeit verurteilte, sich zur Einsamkeit verurteilende Denker, der zweimal an der Frau gescheitert ist, einmal in Kopenhagens Unter-, ein andermal in seiner Oberwelt, schreibt einem Projektions-Ich eine Rolle auf den Leib, die im Unwirklichen verschwimmt, so macht dieses Kapitel von allen des Werkes ihm die meiste Mühe.

Auch die Tagebuch-Novelle gehört in ihrem größeren Teil zu dem voluminösen Skriptum, das Kierkegaard nach den fünf Monaten seines Berlin-Aufenthalts (er sieht, Ende Oktober kommend und Anfang März wieder gehend, keine Blätter an Berlins Bäumen) im Koffer nach Kopenhagen bringt. Dort schreibt er die psychologisch-novellistische Einlage zu Ende; als sie fertig ist, fällt ihm auf, daß die Beschreibung des Verführers, der seinen konjunktivischen Angriff auf die Mädchenunschuld skrupulös-reflektierend vorträgt, der Balancierung durch ein Gegenbild bedarf, das sowohl indikativisch als konjunktivisch ist, das in Kunst, auf dem Theater erscheinende Bild des Verführers aus unmittelbar sinnlichem, den Augenblick sieghaft und unbedenklich ergreifendem Impetus – Kierkegaard schreibt den Essay über »Don Giovanni«. Eine Hauptfigur der Oper, Donna Elvira, war in dem Buch schon verzeichnet; nun kommt der Verführer selbst in Sicht und mit ihm das Werk und sein Komponist, Mozart.

Kierkegaard spricht von dessen Musik nur im Allgemeinen und findet ein schönes Bild für diese Enthaltsamkeit: »Etwas Einzelnes über diese Musik zu sagen, ist nicht meine Absicht, und besonders werde ich mich unter dem Beistand aller guten Geister hüten, eine Menge nichtssagender, aber laut lärmender Prädikate zusammenzuscheuchen ... Dahingegen will ich von so viel Seiten her als möglich die Idee und ihr Verhältnis zur Sprache beleuchten, und dadurch fort und fort immer mehr das Territorium umstellen, in dem die Musik zu Hause ist, sie gleichsam schrecken, daß sie hervorbricht, ohne jedoch mehr über sie sagen zu können, wenn sie sich hören läßt, als: höre.«

Er spricht von ihren Figuren, ihrer Handlung, die er – jene Einschränkung zwingt ihn gewissermaßen dazu – einzig aus den Händen des Komponisten empfängt; über da Ponte, den Textdichter, fällt kein Wort. Auch die Geschichte des Don-Juan-Stoffes kommt nur von weitem in Sicht, und wenn, dann mehr vermutend als erkundend. Der Autor stellt eine witzig-erhellende Betrachtung über die Registerzahl Tausendunddrei an, die mit Bedeutung ungerade sei: das rufe »den Eindruck hervor, daß die Liste nicht abgeschlossen ist, sondern daß Don Juan vielmehr in Fahrt ist«. (Er könnte hier weitergehen und bemerken, daß 1003 das Produkt zweier Primzahlen, 17 und 59, sei, das Ergebnis einer nicht weiter auflösbaren Paarung.) Das ist so hellsichtig, wie der Schluß auf eine sagenhafte Wurzel der »lyrischen Tollkühnheit« dieser Ziffer irrig ist; sie ist die Erfindung da Pontes.

An Molières Theaterstück, von dem sich mannigfache Fäden zu da Pontes Libretto spinnen, hat der Autor nur eine nicht sehr genaue Erinnerung an eine Kopenhagener Aufführung, die ihm deren zynisch-eleganten Helden als »einen Raufbold, einen ganz gewöhnlichen Schürzenjäger« vorspiegelt. Kierkegaard läßt sich in seiner Konzentration auf das, was er Mozart allein zuschreibt, da es doch ein Doppel-Werk, mit aller inneren Dialektik eines solchen, ist, durch den Blick auf Vorgänger nicht beirren. Die Zahl 1003 gibt ihm die Ahnung alter Wurzeln des Stoffes ein, aber von jener spanischen comedia, aus der alle Don-Juan-Stücke als aus *einer* Wurzel hervorgehen, weiß er nichts (er hätte in Berlin die dort 1841 erschienene Dohrnsche Übersetzung lesen können), ja er meint sogar, im Gegensatz zu Faust sei Don Juan nicht »Gegenstand einer Vielzahl von Auffassungen« geworden. Indem der Autor Mozarts musikalische Versinnlichung der Figur nicht als deren Zu-sich-Kommen im Hegelschen Sinn, sondern als ihre einzig wahre Gestalt begreift, wird er blind für ihren Werdegang; er setzt Mozart durchaus ins Absolute.

Der Blick auf den spanischen Ur-Don-Juan hätte Kierkegaard schon deshalb fruchtbar werden können, da die Betrachtung, die er an Mozarts Don Giovanni knüpft, die Frage nach der Differenz des Verführers zum Betrüger, in dem Titel des in seinem Erstdruck Tirso de Molina zuge-

schriebenen Werkes unmittelbar aufgeht. »El Burlador de Sevilla« heißt die Madrider *comedia* von
1624; ob »Burlador« mit Betrüger oder Verführer
zu verdeutschen sei, ist eine alte Übersetzerfrage.
Kierkegaard löst sie von Mozarts Oper her und
scheint seinerseits zu schwanken. »Die Erotik ist
hier Verführung«, heißt es anfangs und: »Don
Juan ist ein Verführer von Grund auf« – im Gegensatz zu den Griechen, denen die Idee des Verführers gänzlich abgehe, obschon ein Mann wie
Herakles den Don Juan rein quantitativ nachge-
rade übertreffe. Einige Seiten später dringt der
Autor dann tiefer in seinen Helden ein: »Ich
möchte ihn darum lieber einen Betrüger nennen ... Um Verführer zu sein, bedarf es stets einer
gewissen Reflexion und Bewußtheit ... An dieser
Bewußtheit fehlt es Don Juan. Er verführt daher
nicht. Er begehrt, dies Begehren wirkt verführend;
insofern verführt er ... Um ein Verführer zu sein,
fehlt ihm die Zeit vorher, in der er seinen Plan an-
legt, und die Zeit hinterher, in der er sich seiner
Handlung bewußt wird. Ein Verführer muß daher
im Besitz einer Macht sein, die Don Juan nicht
hat, so gut er im übrigen ausgerüstet ist – der
Macht des Wortes. Sobald wir ihm die Macht des
Wortes verleihen, hört er auf, musikalisch zu sein,
und das ästhetische Interesse wird ein ganz and-
res.« Aber nicht erst bei Mozart und kraft der
Musik – schon in dem wesentlich musiklosen Ur-

stück erscheint Don Juan als der erotische Betrüger, der durch Verstellung, nicht durch Überredung siegt. Bei Molière wird das anders, aber dort siegt er auch nicht mehr – außer höchst ehrenvoll gegen eine Horde Räuber.

So stellt der prozessuale Aspekt, den der Autor Mozarts Leistung verwehrt, sich gegenüber ihm selbst, dem Interpreten, her. In fortschreitender Weise wird der Leser zum Teilhaber der Entdeckungen, die der Autor im Reich der Oper macht; die Bewegung des Denkens selbst, als eine in immer tiefere Gründe vorstoßende, reißt den Leser in ihren Bann. Kierkegaard bleibt dabei der subjektive Denker im Sinne des Blochschen Diktums, das sein eigenes ist. »Der subjektive Denker ist Dialektiker in bezug auf das Existentielle«, heißt es in dem Hauptbuch von 1846.[13] Er sagt die Figur aus, indem er sie zur Projektionsfläche eigener Sehnsüchte, Erfahrungen, Bedrängnisse macht; Don Juan wird zum Halbgott unbedingter Hingabe an den Genuß des Augenblicks, zu dem Anti-Melancholiker schlechthin. Die Gestalt des adligen Deflorators, der nur noch als Heiratsschwindler zum Zuge, zum Siege kommt, aber auch dieser Siege nicht mehr froh wird: erinnyengleich heften sich die Opfer an seine Fersen, bis ein Standbild ihn von den Verfolgerinnen erlöst, – diese Figur aus dem Niedergang einer Adelsherrschaft, die sich im 17. Jahrhundert dem absoluten Königtum hatte beugen müssen und am Ende des 18. Jahrhunderts durch den Sieg des Bürgertums, der zugleich ein Sieg puritanischer Triebverdrängung war, in jenen Orkus gestürzt wurde, der auf dem Theater von je sein Teil war und aus dem er, als dieser sich geschichtlich-real bereitet, kraft der Musik ein eigentümliches Leuchten entfaltet, verklärt sich Kierkegaard zu dem Dämon sinnlicher Erfüllung: »Don Juan ist nun, wenn ich so sagen darf, die Inkarnation (Einfleischung) des Fleisches oder die Begeistung des Fleisches aus des Fleisches eignem Geist.« Das ist eine Theologie der Sexualität, die es an Kühnheit mit Mozarts Musik aufnimmt. Die Kategorie des erfüllten Augenblicks, die Faust, den Teufelsbündner, zu einer Wette treibt, deren Juan nicht bedarf: er hat, woran jener verzweifelt (ist er *darum* des Teufels?), wird ihm zum Schlüssel der Figur. Allerdings: es ist der zusammenhanglose, der flüchtige Augenblick. »Er hastet hin in einem ewigen Entschwinden.«

Die geistige Aufwertung der widergeistigen Figur, die Feier dessen, der, bar der Reflexion, ganz im Augenblick existiert, nämlich dem beziehungslosen, sieghaft-unverantwortlichen, der ungebrochen lebt und in seiner glänzenden Verruchtheit zum Ziel der Sehnsucht, zum Beispiel verlorener Unmittelbarkeit wird, – diese Aufwertung findet an Mozarts Musik eine elementare Stütze. Insofern dies eine so ausdrucksvolle, dramatisch intensive, beseelte und kunstvolle Musik ist, erhöht sie die Figur auf eine Weise, die der Philosoph, der Denk-Dichter nur reflektierend nachzuvollziehen braucht; andererseits gibt eben das ihm die Möglichkeit, sie jenseits des Wortes, der Bestimmtheit des Textes für ein Werk der Musik zu erklären und damit gänzlich aus der Wirklichkeit hinauszusetzen.

Das begeistert den Deuter so, daß er die Oper für Mozarts Haupt- und Zentralwerk überhaupt erklärt; »nur ein Werk« – dieses – mache Mozart »zu einem klassischen Komponisten und schlechthin unsterblich«. Hat Kierkegaard den »Figaro«, hat er die g-moll-Sinfonie nie gehört? Er gibt der Gestalt des Verführers, der nur als Betrüger noch siegt, und auch das nur einmal im Verlauf der Oper, an ihrem Anfang und mit hohen Unkosten, vom Gedanken her jene Höhe und Würde, die die Musik ihr durch sich selbst gibt, durchaus zur Verwunderung einer Mozart wohlgesinnten Kritikerschaft, die in den Jahren der ersten Verbreitung des Werkes – einer Verbreitung in Singspielgestalt, mit gesprochenen (und vielfach erweiterten) deutschen Dialogen – ihr Erstaunen bekundete, wie hier ein populärer Spektakelstoff durch den Komponisten eine ganz unangemessene Beachtung gefunden habe. Der Einwand war um so weniger banausisch, als er sich mit tiefer Bewunderung des Zeitgenossen Mozart verband; er spiegelte die unmittelbare gesellschaftliche Beziehung, die diese vorrevolutionäre Zeit zu der Gestalt des maßlosen Feudalherrn noch unterhielt. Zugleich bekundete er die Ferne der Aufklärungsästhetik gegenüber der Posse und Tragödie, Schelmenspiel und himmlisches Strafgericht verbindenden Spannkraft eines Volkstheaters, das in Don Giovanni eine seiner Hauptfiguren in die Sphäre der hohen Kunst hinaufreicht. In der Romantik erst bildet sich der Sinn dafür; Mozarts Oper gibt ihr mit Goethes »Faust« das Werk vor, an dem sich der neue Kunstbegriff entfaltet.

Ein Vierteljahrhundert nach der Prager Uraufführung bricht E. Th. A. Hoffmann mit dem Vorurteil wider den Stoff und den Helden einer Oper, die das Publikum, nicht die Kritik auf der Bühne durchgesetzt hat; er tut es zu einer Zeit, als die Pariser Guillotine so viel (und mehr) Aristokratenköpfe niedergemäht hat, wie Leporello Verführungsopfer auf seiner Liste verzeichnet. Die Aktualität des Helden ist mit der Französischen Revolution verschwunden, die Gestalt ist historisch geworden; das gibt den Raum der Erhöhung auch explizit frei, die Mozarts Komposition musikalisch-unmittelbar vollzogen hatte. Daß die Figur überhaupt musikzeugend wurde (sie wird es auf hoher Ebene erstmals mit Glucks Wiener Ballett von 1761), zeigte bereits ihre schwindende politische Dimension an, die an den Ursprüngen der

Gestalt, bei Tirso und bei Molière, prosaisch-konkret in Kraft ist; entsprechend groß ist der – im Fall Molières deutlich bezeugte – politische Widerstand. Kierkegaard geht auf dem von Hoffmanns novellistischem Essay gewiesenen Weg weiter, er dichtet ihn gleichsam zu Ende. Der Hymnus auf Mozart und die Feier des Opernhelden gehen ineinander über: der dionysische Held wird zum Inbegriff der Musik selbst.

Was hier, in einem objektiven Sinn, treibt, ist die Erfahrung der Pression, die die neue, bürgerliche Gesellschaft über den Menschen verhängt: die Verstellung der Leidenschaften, der dem Menschen eigenen Triebdimension durch ein drükkend verinnerlichtes Christentum. Dagegen beruft der junge Kierkegaard Don Giovanni, wie Nietzsche, sein Nachfahr, der nie eine Zeile von ihm gelesen hat, den Dionysos. Aber die Beschwörung bleibt Fiktion, ein ästhetisches Intermezzo, und zuletzt holt die ethische Welt das sich dialektisch entäußernde Ich des Erzählers ein: B, der Ethiker, hat das letzte Wort, und es hat die Tönung des Metaphysischen. Das ist der gleiche Weg, wie ihn Wagner im »Fliegenden Holländer« (die Oper entsteht zur selben Zeit wie »Entweder – Oder«) und dann im »Tannhäuser« geht;[14] den schweifenden Sünder holt die jenseitige Welt zuletzt ein. Aber geschieht dies nicht auch in »Don Giovanni«, dem »Bestraften Ausschweifenden«? Der Unter-

schied ist der, daß Mozarts und da Pontes Held
sich wider den Anruf der Ewigkeit behauptet, indem er von ihr hinabgerissen wird: der Holländer
ringt um Erlösung und gewinnt sie. Die Gnade
Gottes, nicht die Macht des Gerichts (und dann die
Erleichterung der Hinterbliebenen), hat das letzte
Wort.

Auch Kierkegaard bereitet ihr am Ende seines
Buches den Weg. Aber das geschieht nicht als bün-
diger dramatischer Vollzug; der Fragmentcharak-
ter, der seinem Werk eingesenkt ist, setzt dessen
Teile gegeneinander in Freiheit und damit den Leser vor ihnen. So ist es zulässig (und nicht nur von
der Entstehung des Buches her, die den Don-
Giovanni-Essay als Schlußstück, gleichsam als Finale hervorbringt, um ihn in der Komposition an
den Anfang zu setzen), einen Teil aus dem Ganzen
herauszulösen und für sich zu stellen. Doch hat das
Bewußtsein, *daß* es sich um einen Teil handelt,
hinzuzukommen, als Hindeutung auf das Ganze
eines Buches, dem die dialektische Energie des
Vortrags und die offene Schlüssigkeit des Baus
eine Einheit eigener Art verbürgt. Sie untersteht
einer Frage, die scharf gestellt und in der Fragwür-
digkeit ihres Fragens doch immer wieder durchschaut wird: Entweder – Oder!

Kommt Kierkegaard den Kindern eines Entweder-
Oder, das keine soziale Klugheitslehre beachtete
und nun heftig in die Wechselwirtschaft gekommen ist, zu spät? Werden andere sagen: Warum
habt ihr nicht früher dazu gegriffen? Ihr hattet ein
so ruhiges, umzäuntes Leben – *da* war es Zeit, die
Biedermeier-Reise in die Paradoxien der Innenwelt anzutreten. Kein Zweifel, es gibt hier Bezüg-
liches. Kierkegaards Werk erwächst aus der Spannung zwischen jener hochbefestigten Innenwelt,
wie sie die Festungswerke um die Haupt-, die
Kleinstadt seines Lebens sinnfällig bekundeten,
und der von außen andringenden Welt des freige-
lassenen Geldes, der erobernden Technik, der ent-
riegelten Parteienherrschaft; es trägt diese Spannung als eine Disparatheit aus, die Gestalt und
Höhe gewinnt in dem Bekenntnis zu sich selbst.
Doch es ist nie zu spät für Entdeckungen und erst
recht nicht für diese. Die Probleme des engen
Raums waren Probleme eines falsch gesetzten Objektiven, das durch seinen eigenen unbegriffenen
Begriff die Anstrengung induzierte, nach dem
richtig begriffenen Objektiven zu suchen. Auf
dem Weg dahin ist das ganze System der Objektivität zusammengestürzt. Die Erfahrung des Zwie-
spalts, bisher als abstrakte anwesend, ist damit zu
einer vitalen und konkreten geworden; zwei Le-
bensformen, deren eine die andre jeweils als irreal

empfindet, stürzen ineinander, aber nicht wie zwei Liebende, sondern wie zwei Kämpfende, die sich vorgeben, sie seien ein Paar. Hier kommt Kierkegaard, der im Zwiespalt erfahrene Denker, gerade recht. Er kommt auch darum recht, weil er den Blick auf das Dauernde lenkt, das sich nicht auflöst in der jeweiligen gesellschaftlichen Bestimmung, auf das ewige Problem des Daseins als Dasein. So ist, ihn zu lesen, dringlicher denn je. Durch Mozart dahin zu kommen ist ein sonderlich anziehender Weg.

ANMERKUNGEN

ZU SÖREN KIERKEGAARD: DIE UNMITTELBAREN ERO-
TISCHEN STADIEN

1 χοσμος: eigtl. Schmuck, Ordnung; in der griechischen
   Mythologie und Philosophie die Weltordnung, das
   Weltall.

2 AXEL UND VALBORG: Liebespaar in einem dänischen
   Volkslied, das Adam Oehlenschläger zu einer gleichna-
   migen Tragödie (1808) anregte.

3 OPTIMAT: Bezeichnung für einen Angehörigen der
   herrschenden Adelspartei in Rom seit dem Tod der
   Gracchen; hier um des Wortspiels mit dem Ausdruck
   Optimismus willen gebraucht.

4 TRANSSUBSTANTIATION: Wesensverwandlung, Verwandlung einer Substanz in eine andere; von Kierkegaard
   nur in dieser allgemeinen Bedeutung verwendet.

5 BATRACHOMYOMACHIA: »Froschmäusekrieg«, eine Par-
   odie auf die »Ilias«, fläschlich dem Dichter Homer zu-
   geschrieben, jedoch aus späterer Zeit stammend.

6 APPROXIMATION: Annäherung.

7 EXILIS DOMUS EST, UBI NON ET MULTA SUPERSUNT: Ärmlich bleibt das Haus, das nicht vieles in Überfluß
   aufweist. Horaz, Briefe I, 6 (Übersetzung Manfred
   Simon).

8 PONIEREN: als gegeben annehmen, setzen.

9 PRAETEREA CENSEO: »Übrigens bin ich der Meinung«,
   zumeist in der Form »Ceterum censeo (Carthaginem
   esse delendam)« zitierter, jedoch nicht belegter Ausspruch, mit dem Cato d. Ä. (234 bis 149 v.u.Z.) jede seiner Senatsreden beendet haben soll.

10 PROSELYT DES TORES: Heide, der sich, ohne beschnitten

---

zu sein, zum jüdischen Monotheismus bekannte und die Synagoge besuchte und sich dadurch unter den Juden gewisse Rechte erworben hatte.

11 STEFFENS: Henrik Steffens (1773–1843), dänisch-deutscher Naturphilosoph und Schriftsteller der Romantik; seine »Karikaturen des Heiligsten« erschienen 1819–21.

12 EINE ERZÄHLUNG ACHIM VON ARNIMS: Im Original deutsch zitiert, aus der Erzählung »Owen Tudor« (1821).

13 INSTAR OMNIUM: statt aller.

14 IRISCHE ELFENMÄHRCHEN VON GRIMM, 1826: Kierkegaard bezieht sich auf das Märchen »Der kleine Sackpfeifer« in der Übersetzung der Brüder Grimm.

15 OPERA SERIA: ernste italienische Oper, im Gegensatz zur Opera buffa.

16 QUIESZENZ: Zustand der Ruhe.

17 ET APPARET SUBLIMIS: Und erscheint schwebend in der Luft. Nach Vergil, Georgica I, 404.

18 WIE THOR: Anspielung auf Adam Oehlenschlägers lyrisches Werk »Die Götter des Nordens« (1819).

19 NEUTRIUS GENERIS: sächlichen Geschlechts.

20 MÄDCHEN SIND'S . . .: aus Leporellos Registerarie in der Übersetzung von Georg Schünemann.

21 VENI – VIDI – VICI: Ich kam, ich sah, ich siegte. Von Plutarch überlieferter Ausspruch des Caesar nach dem Sieg bei Zela, 47 v.u.Z.

22 BAUER BEI HORAZ: . . . harrt wie der Bauer darauf, daß die Wasser des Stromes versiegen. Horaz, Briefe I, 2 (Übersetzung Manfred Simon).

23 WIE DAS SPIEL JENES MANNES: evtl. Anspielung auf ein Gedicht des dänischen Schriftstellers Johannes Carsten Hauch (1790–1872).

24 OH! BRAVO SCHWERE NOT, GOTTS BLITZ, BRAVISSIMO: im
Original deutsch.

25 DR. HOTHO: Heinrich Gustav Hotho (1802–1873), von
Hegel beeinflußter deutscher Kunstschriftsteller. Kierkegaard bezieht sich auf sein Werk »Vorstudien für Leben und Kunst« (1835).

26 SUB UNA SPECIE: unter einerlei Gestalt.

27 SUB UTRAQUE SPECIE: unter beiderlei Gestalt.

28 TRIBLERS WITWE: E.M. Tribler, die 1818–1839 in Kopenhagen volkstümliche Lieder in großer Zahl heraus-
gab.

29 REPELLIEREND: unvereinbar, ohne Zusammenhang.

30 PUR CHÈ PORTI . . .: Nimmt er Weiber jeder Sorte, nun,
Ihr wißt ja, wie's da geht. (Registerarie, Übersetzung
Georg Schünemann).

31 ACHIM VON ARNIM: In Achim von Arnims Roman »Armut, Reichtum, Schuld und Buße der Gräfin Dolores«
(1810), Dritte Abteilung, heißt es: »Hätte Don Juan
seine Vielseitigkeit gehabt, er hätte sich durch des Teufels Großmutter vom Teufel losgeschwatzt.«

32 »SEHT, WIE ER LÄUFT . . .«: »Die Hochzeit des Figaro«, II,
5. Kierkegaards sehr freies Zitat wurde aus dem Dänischen übersetzt.

33 IN KRUSES FASSUNG: Kierkegaard zitiert frei nach der dänischen Übersetzung von L. Kruse (1808, I, 8).

34 ILIAS POST HOMERUM: eine Ilias nach Homer, d. h. etwas
Überflüssiges und Unnützes.

35 DON JUAN MOLIÈRES: Jean-Baptiste Molières Drama
»Don Juan« wurde 1665 uraufgeführt.

36 DON JUAN VON HEIBERG: »Don Juan« des dänischen
Schriftstellers Johan Ludvig Heiberg (1791–1860),
1813 veröffentlicht.

37 PROFESSOR   HAUCH: Johannes   Carsten   Hauch

(1791–1872) veröffentlichte sein Drama »Don Juan« 1829.

38 BYRON: George Gordon Noël Byron (1788–1824) veröffentlichte sein satirisches Versdrama »Don Juan« 1819/24.

39 QUA: in der Eigenschaft als.

40 DISKRET: getrennt, unterschiedlich.

41 »DIE WEISSE DAME«: Oper von François-Adrien Boïeldieu und Eugène Scribe (1825).

42 IN SENSU EMINENTIORI: im höheren Sinn.

43 VUOL STAR DENTRO COLLA BELLA: Er wird drinnen weilen bei der Schönen (I. Akt, 1. Szene).

44 »ER IST FORT«: Zitat nach der dänischen Fassung von L. Kruse.

45 JERONIMUS: Anspielung auf Ludvig Holbergs Komödie »Die Wochenstube« (1724), V, 6, wo der Bürger Jeronimus schließlich alle Mißverständnisse aufklärt.

Anmerkung zu Friedrich Dieckmann:
Kierkegaard lesen

1 Sören Kierkegaard: Entweder – Oder, übersetzt von Emanuel Hirsch, Erster Teil, Band 1, GTB Siebenstern 600, Gütersloh 1979, S. 304 f. Der Band macht den Anfang der zweiunddreißig Bände umfassenden Taschenbuchausgabe von Kierkegaards Gesammelten Werken im Gütersloher Verlagshaus Gerd Mohn (herausgegeben von Emanuel Hirsch und Hayo Gerdes). Auch die weiteren Zitate aus dem Ersten Teil von »Entweder – Oder« folgen dieser Ausgabe.

2 Peter P. Rohde: Sören Kierkegaard, übersetzt von Thyra Dohrenburg, Hamburg 1959, S. 90

3 S. Kierkegaard: Die Schriften über sich selbst, übersetzt von Emanuel Hirsch, GTB Siebenstern 626, Gütersloh 1985, S. 75.

4 Die beiden Teile des Werkes sind in der Übersetzung von Hans Martin Junghans 1982 in Gütersloh erschienen (GTB Siebenstern 612/613).

5 Ernst Bloch: Leipziger Vorlesungen zur Geschichte der Philosophie, Suhrkamp Taschenbuch Wissenschaft 570, Frankfurt am Main 1985, Band 4, S. 363 f.

6 P. P. Rohde: (S. Anm. 2), S. 35.

7 S. Kierkegaard: Entweder – Oder (Teil II), übersetzt von Heinrich Fauteck, München 1988, S. 853 f. (Die Ausgabe des Deutschen Taschenbuch Verlags beruht auf der 1960 im Verlag Jakob Hegner erschienenen.)

8 A.a.O., S. 941 (Kommentar von Niels Thulstrup).

9 P. P. Rohde (s. Anm. 2) S. 95, und S. Kierkegaard: Briefe, GTB Siebenstern 628, Gütersloh 1985, S. 115.

10 S. Kierkegaard (s. Anm. 9), S. 75.

11 S. Kierkegaard (s. Anm. 7), S. 938.

12 Ernst Bloch (s. Anm. 5), S. 281.

13 S. KIERKEGAARD: Abschließende unwissenschaftliche Nachschrift zu den Philosophischen Brocken, Zweiter Teil, übersetzt von Hans Martin Junghans, GTB Siebenstern 613, Gütersloh 1982, S. 54.

14 Es ist sehr merkwürdig, wie zwei Männer desselben Alters zur gleichen Zeit an verschiedenen Orten, in Paris und in Kopenhagen, mit ihren verschiedenen Mitteln – der eine ist ein musikalischer Philosoph, der andre ein philosophischer Musiker, beide kommen aus lutherisch-protestantischer Sphäre – einunddieselbe Geschichte schreiben. Der Fliegende Holländer ist ein neuer, romantischer Epilog zu »Don Giovanni« – ein Giovanni, der gleichsam durch die Hölle hindurchfällt und im Meer, auf dem Ahasverschiff, landet. Wagner führt die Vorgeschichte in seiner dramatischen Ballade nicht aus, Kierkegaard kommt dahin, es zu tun – und versetzt dabei Don Giovanni beiläufig in jenen Venusberg, vermittels dessen Wagner in seiner nächsten Oper die *vita ante acta* des Helden in Sicht bringt. Mozarts und da Pontes Giovanni wäre in diesem Hörselberg gänzlich fehl am Platz– es ist der Ort der romantisch umfunktionierten Gestalt. Und wie der Tannhäuser des Venusbergs von vornherein unter der Einwirkung der Mariengnade steht, so ist auch Kierkegaards Don Giovanni von vornherein in der Gnade: durch Mozarts Kompositon.

INHALTSVERZEICHNIS